# Crianza sin remordimientos

# Crianza sin remordimientos

*Críe hijos buenos y sepa que lo está haciendo bien*

## por Catherine Hickem, LCSW

**GRUPO NELSON**
Una división de Thomas Nelson Publishers
*Desde 1798*

NASHVILLE   DALLAS   MÉXICO DF.   RÍO DE JANEIRO

Editora general: *Graciela Lelli*
Traducción: *Luis Marauri*
Adaptación del diseño al español: *www.blomerus.org*

ISBN: 978-1-60255-548-8

Impreso en Estados Unidos de América
11 12 13 14 15 BTY 9 8 7 6 5 4 3 2 1

Dedico este libro a mi madre,

Mary Ann Taylor.

Eres el mayor ejemplo del cuidado maternal agradable a Dios que he conocido, y la que por primera vez me enseñó que es posible criar a los hijos «sin remordimientos».

También lo dedico a mis hijos,

Taylor y Tiffany Hickem.

Ustedes han sido mi pasión y mi corazón, y dieron rienda suelta a un amor santo dentro de mí que yo no sabía que existía.

# Contenido

# Prólogo

## Taylor

Mientras crecía, mamá por lo general tenía alguna idea de algo que yo estaba tramando. Muchas veces yo esperaba a ver si por un rato se tomaba unas vacaciones de ser mamá, para realmente poder divertirme. Pero nunca lo hizo. Aun así, a veces era muy amable conmigo al enseñarme una lección. Los efectos de su crianza llegaron a mí sin que ella fuera áspera.

Mamá también le asignó un alto valor al crecimiento espiritual, probablemente el más alto que a ninguna otra cosa. Se aseguró de que la iglesia fuera un lugar al que yo quisiera ir. Demostraba principios bíblicos y una base moral para la vida diaria.

Mamá desempeñó muchos papeles en mi vida, especialmente protegiéndome de mí mismo y de otros. Siempre me apoyó y supo ajustarse a sus nuevos papeles según iban cambiando a lo largo de mi vida. Fue excelente para adaptarse a las nuevas necesidades que yo tenía en cada edad. Y en el momento actual, ella sabe que necesito a la mamá de un adulto joven. Siempre ha sabido identificar su lugar exacto en mi vida, estuviera yo dónde estuviera, tuviera la edad que tuviera y fuera yo quien fuera.

Siempre me escuchaba. Sabía que yo era un trasnochador, así que se quedaba levantada hasta muy tarde, hablando conmigo de cualquier problema que yo tuviera hasta que se resolvía.

Sin importar si se trataba de un juego de baloncesto o un curso de inglés, le gustaba involucrarse en lo que yo hiciera. Constantemente encontraba un modo de entrar en mi vida. Pero no se entrometía, sólo estaba allí. Me mostraba la importancia de los límites y respetaba mis individualidades.

Los niños empiezan como la arcilla; son muy impresionables. Las mamás no tienen segundas oportunidades; deben hacerlo bien la primera vez. Estoy agradecida de que mi mamá acertó en ello.

# Tiffany

A menudo decía que hacíamos que ella luciera bien. Aunque nos halagaba recibir un elogio como ése, nosotros veíamos las cosas de una manera un poco diferente. Si cada vez que alguien nos dijo que quiere mucho a nuestra mamá se hubiese transformado en un dólar, nos habríamos podido comprar una isla. Bueno. Taylor habría invertido el dinero en un fondo de inversión mobiliaria de alta prestación, pero de seguro que yo habría comprado la isla.

Antes de que usted termine de leer este libro, sabrá por qué tantas personas quieren mucho a mi mamá. Voy a mencionar algunas de mis razones:

Ella es un genio para la crianza de los hijos. Claro y simple, es una de las personas más sabias que conozco. (¡Y no estoy diciendo esto solamente porque me parezco a ella!). Realmente mi mamá sabe, con exactitud, qué hacer en cualquier situación, con cualquier problema, no importa lo que sea.

Ella es quien parece ser. La mamá que habla en conferencias nacionales, es la misma que habla cuando solamente nosotras dos cenamos juntas o vamos en el auto. No cambia para su auditorio, porque no necesita hacerlo.

Es cómica. A pesar de que este libro trata un tema serio, es seguro que hará que a veces usted se ría. Taylor y yo le proporcionamos a mamá muchos momentos cómicos a lo largo de nuestras vidas. La mayor parte del tiempo ella se reía con nosotros; el resto del tiempo se reía de nosotros. Sin embargo, era capaz de encontrar un sentido del humor en medio de las dificultades.

No pretende tener todas las respuestas. Pero conoce a quien las tiene. Cuando alguien le plantea un problema, antes que nada considera lo que es bíblico y está de acuerdo con Cristo. Ella es ejemplo de una vida en la que Dios es tanto su compañero como su autoridad.

Hay tantas razones y maneras por las que amo a mi mamá, que jamás podría expresarlas con palabras. Ella es mi consejera, protectora, nutridora, maestra, animadora y mejor amiga. Tiene más intuición y sabiduría para ayudar a otros que cualquier otra persona que yo conozco. Espero que cuando termine de leer este libro, encuentre una profundidad de amistad y amor con su hijo o hija como la que mi mamá tiene conmigo. Es realmente la relación más gratificante que tengo en mi vida.

...

Le invitamos, pues, dar una mirada a nuestras vidas y aprender de la sabiduría de nuestra mamá. Nuestra esperanza es que al terminar la lectura, cierre el libro cambiada, con un entendimiento más profundo de usted misma, de sus hijos y de nuestro Dios.

Y que aprecie a nuestra mamá tanto como nosotros la apreciamos.

Atentamente,
Taylor and Tiffany Hickem

# Prefacio

Queridas mamás:

A través de los años, he leído muchos libros sobre la maternidad, la crianza de los hijos y los niños. Encontré que muchos de ellos eran una bendición, y por lo general recibí una perla de sabiduría de todo lo que leí.

Así que la pregunta que surge es: ¿Por qué escribir otro libro sobre la maternidad?

Quizás lo que digo a continuación sea la respuesta a esa pregunta: La mayoría de los libros que leí fueron diseñados *para* la madre, y dejaron de mencionar que la maternidad es también *sobre* la madre. *Usted* es el núcleo del desarrollo de un niño; prestarle atención a su papel sólo a través de los ojos de un niño es injusto para él o para ella.

¡Quiero que este libro sea sobre *usted*!

Pero que sea también sobre sus hijos. A lo largo de sus páginas descubrirá que ser una mamá intencional sin remordimientos, significa que dedica buen tiempo a ser intencional acerca de usted, de su papel como mamá, y de su comprensión de sí misma. Porque mientras más fuerte sea como persona y madre, más fuerte será para sus hijos.

Mi deseo es que vea claramente cómo Dios pensó en usted cuando Él creó a sus hijos. También deseo que reconozca el poder que como madre tiene en el desarrollo de sus vidas. Quiero que vea la importancia de vivir en integridad delante de ellos para que pueda tener el respeto, la confianza, la fe y la influencia que una madre necesita para criar a sus hijos sin remordimientos.

Finalmente, quiero que reconozca el poder de asociarse con Cristo en el cuidado maternal de sus hijos. Él decidió intencionalmente revelarse a usted por medio de ellos. Aunque está entusiasmado con sus hijos, está igualmente apasionado por usted.

En las siguientes páginas aprenderá mucho sobre sus hijos, pero creo que aprenderá aún más sobre usted misma. Mientras más sepa quién es Dios en su vida, mejor podrá transmitir su sabiduría a la próxima generación.

De una mamá a otra,

Catherine Hickem
Lucas 12.48

# Reconocimientos

Estoy agradecida por . . .

Dios, el Padre de mi fe, la fuente de mi fuerza y mi razón de existir. Por Cristo, quien me amó tanto que entregó su vida por mí y me dio el regalo de la eternidad con Él. Por el Espíritu Santo, quien es el mejor amigo y fuente de sabiduría, intuición y consejos sobre la crianza de los hijos que he tenido.

Mi esposo Neil, quien es mi más grande admirador y un gran compañero en la crianza de nuestros hijos. Tu espíritu apacible, tu sentido del humor y tu apoyo entre bastidores han permitido que yo siga mi pasión por compartir a Cristo. Te he amado durante treinta años, y espero hacerlo por treinta más.

Mi hijo Taylor, cuya entrada milagrosa en nuestras vidas sanó mi corazón herido y simbolizó la fidelidad de Dios. Tú me has desafiado en cada nivel; sin embargo, gracias a ti conozco la grandeza de Dios. Te amo tanto, y me siento honrada de ser tu madre.

Mi hija Tiffany, cuyo nacimiento milagroso me mostró otra vez el favor del Señor. Tú sacas a la superficie un lado mío que nadie más puede tocar. Te amo y aprecio más de lo que las palabras pueden decir.

Mis padres Harold y Mary Ann Taylor, que caminaron delante de mí con vidas de gracia, integridad y humildad. Son los mayores ejemplos del cristianismo verdadero que he visto en mi vida, y aún no puedo creer que ustedes sean mis padres.

Las preciosas personas que han servido fielmente por medio de Intentional Moms. Es un honor para mí el haber servido con ustedes a través de los años. Nunca sabrán cuán profundamente conmovida estoy por haber tenido el privilegio de llamarles mis amigos.

Mi escudo personal de oración. Su fidelidad al orar por mi familia, por este ministerio, y por mí es un regalo de valor incalculable. Siempre estaré en deuda con ustedes, porque durante años oraron por mí en las buenas y en las malas. ¡De todo corazón les digo que les amo!

Mi fiel personal, que diariamente me bendice con su diligencia, su dedicación a la excelencia y sus maravillosos corazones de servidores.

Mi agente, Don Jacobson, cuyo apoyo y asesoramiento han hecho este proceso agradable y emocionante.

Mi equipo editorial:

- Mi redactor, Bryan Norman, cuya bondad y comprensión hicieron que este viaje haya sido una experiencia muy agradable.
- Susan Hagen, doctora en psicología, y Marie Rogers, doctora en filosofía, mis colegas, que son los mejores ejemplos de consejos y sabiduría que vienen de Dios, con quienes he tenido el privilegio de trabajar . . .

Les digo gracias por creer en mí lo bastante como para ayudarme a articular el corazón del mensaje de Intentional Motherhood con claridad, esperanza, fe y veracidad.

Mis amigos y mi familia de la iglesia, quienes me han bendecido con amor, oraron por mí con fe, estuvieron a mi lado a través de la adversidad, y creyeron en el Cristo que mora en mí. Con mi corazón lleno de agradecimiento les digo: «Gracias».

# Introducción

## El corazón de una madre

En el centro de mi tarjeta de visita hay un guión de color verde lima, simple y agradable. El nombre de mi negocio secular es: The Dash Organization [La organización del guión], pero más que eso, el guión explica mi vida. Significa quien yo soy. Su simplicidad capta mi esencia.

Escogí un guión para provocar preguntas.

Me enteré de la idea sobre el guión por medio de mi amigo Phil, el director de la escuela de mis hijos en aquel entonces. Antes de que el nuevo año escolar comenzara, le diagnosticaron un tumor maligno. Dejó de trabajar ese año para combatir el cáncer pero mantuvo su puesto y regresó para hablar en la graduación.

En aquella ceremonia, Phil leyó un poema titulado «El guión» («The Dash»), por Linda Ellis.[1] Quizás usted lo ha escuchado antes. Este poema nos recuerda que cuando morimos, las fechas de nuestro nacimiento y nuestra muerte se ponen en una lista, mientras que el pequeño signo ortográfico entre las fechas a menudo es ignorado: el guión.

Cuán simple

«La gente no recordará las fechas de su nacimiento y su muerte, sino lo que usted hizo con el tiempo que transcurrió entre las dos», nos recordó Phil a todos.

¡Cuán profundo!

A lo largo de mi propio viaje, a menudo ese guión me ha desafiado. *¿Qué importancia tendrá mi vida? ¿Cómo me recordarán?*

Sin embargo, algo me molestaba aún más. Necesitaba contestar otras dos preguntas primero: *¿A quién quiero impactar? ¿En la vida de quién puedo marcar la mayor diferencia?*

*En ¿quién?*, no en *¿cómo?*, era donde yo necesitaba comenzar. Mi desafío para vivir una vida memorable durante mi guión, sería más simple si yo priorizaba mi impacto.

Este desafío comenzó con aquellos más cercanos a mí. Naturalmente, como mujer, esto giró alrededor de las vidas que se me habían confiado: las de mis hijos.

Aunque sé que también tengo una gran responsabilidad en cuanto a mi relación con mi esposo Neil, éste es un tipo diferente de relación y responsabilidad. Los adultos entran en una relación con alguna idea de la personalidad y el carácter de la otra persona. Esto provee un fundamento para relacionarse mutuamente.

Los hijos son una historia diferente.

Para la mayoría de nosotras, los hijos entran en nuestras vidas pequeñitos y dependiendo completamente de que los cuidemos en todos los sentidos. Antes de que nuestro bebé nazca, no tenemos ninguna idea de qué clase de hijo tendremos.

¿Niño o niña?

¿Atlético o artístico?

¿Reservado o extrovertido?

Preguntas, preguntas y más preguntas. Algunas respuestas vienen rápidamente (¿será niño o niña?), y algunas toman toda una vida. Nuestros hijos se desarrollan constantemente mientras crecen; ése es su papel en nuestras vidas.

Sin embargo, no se trata de ellos; sino de nosotras, sus madres.

¿Cuál es nuestra tarea?

## La paradoja de la maternidad

Muy a menudo, una mujer ve la maternidad con su atención concentrada de manera exclusiva, pensando que se trata únicamente de sus hijos. Sin embargo, la verdad es que ser mamá tiene que ver con mucho más que los hijos. Se trata de quién es ella y en quién se convertirá mientras los cría. La maternidad le enseñará su valor, así como la desafiará a ser la mejor mujer que pueda imaginarse. También le pedirá que le entregue sus temores y ansiedades a Dios, quien realmente la conoce; y lo acepte a Él como su compañero en el cuidado de sus hijos. Aunque la maternidad es el papel que las mujeres desempeñan con ellos, tiene que ver con mucho más.

Las mamás entrarán en su papel prestándoles la mayor parte de su atención a sus hijos. Pero a lo largo del camino comenzarán a darse cuenta de que esto hace surgir sentimientos, actitudes, temores, deseos y alegrías que ellas no sabían que tenían la capacidad de sentirlos. Mientras más se concentren en las verdades más profundas de ser una mamá buena, serán mejores mujeres en todas las áreas de sus vidas.

Ser una mamá intencional es a menudo una paradoja. El cuidado maternal extraordinario de los hijos le permite tomar decisiones que están basadas en las necesidades de ellos; no en las necesidades, temores, o expectativas perjudiciales de ella. Una mamá intencional sabe reconocer cuando su propio pasado interfiere en los momentos actuales de las vidas de sus hijos; y aprecia la totalidad de la experiencia, no simplemente del momento inmediato. La mamá intencional cría a sus hijos partiendo de una plenitud, no de un vacío; y se mantiene concentrada firmemente en el bienestar de sus hijos, sabiendo que cada etapa trae oportunidades únicas para desarrollarse y madurar.

El otro lado de la paradoja es que la mamá se puede olvidar de satisfacer sus propias necesidades fundamentales e interactuar con ellas. Desde el día en que se entera de que está embarazada, hasta el momento en que deja a su hijo o hija en la universidad y más allá, la crianza de los hijos sin remordimientos tiene que ver con descubrir un nuevo nivel de riqueza como mujer, hija, amiga y persona. En vez de descuidarse a sí misma, la mamá intencional aprenderá lecciones de la vida por medio de sus experiencias, y se esforzará en crecer emocional y espiritualmente en todos los sentidos.

Un hijo se convierte en un elemento decisivo en la vida de la madre, y ella debería reorganizar su mundo para ser una madre intencional. La paradoja del cuidado maternal ocurre cuando ella se da cuenta de que los hijos son tanto un instrumento que Dios provee para su propio desarrollo y desafío, como un nuevo medio de alegría y propósito. Por eso digo que la maternidad intencional tiene que ver con usted *y* sus hijos.

A menudo les pregunto a las mamás: «¿A quién quiere impactar?». Su respuesta, el 99.9 por ciento de las veces, es: «A mis hijos». Si ésta es su respuesta, lo primero que debe saber es qué influencia quiere ejercer en ellos, y cómo lo va a hacer. No puede «dejarse llevar por la corriente», y después cruzar los dedos y esperar que ellos saldrán bien. Usted y yo necesitamos creer que una vida invertida en nuestros hijos cosechará resultados de gran valor. Para tener el impacto más alto, debemos comenzar nuestro viaje de cuidado maternal con un plan intencional.

Hace varios años, mi amiga Diana y yo fuimos a Atlanta, a la boda de una querida amiga. Otra amiga, Suzanne, que vivía en uno de los barrios residenciales de las afueras de Atlanta, me había dado una llave de su casa para quedarme en ella cuando yo viajara por el área. Aunque durante ese fin de semana en particular Suzanne estaría fuera de la ciudad, Diana y yo planeamos quedarnos en su casa.

Le aseguré a Diana que no tendríamos ningún pro-blema para encontrar la casa de Suzanne porque me había quedado allí muchas veces. Aunque había pasado un año desde mi última visita a Suzanne, estaba completamente confiada en que podríamos orientarnos fácilmente.

¿Se dio cuenta de que yo estaba *confiada*?

Mientras manejaba hacia la zona residencial de Suzanne, pasamos por varias áreas que me parecieron conocidas. Mi confianza permaneció intacta.

Sin embargo, cuando nos acercábamos a las salidas interestatales de la autopista, los lugares me parecían menos conocidos. ¿Sería la salida 102 o la 106? ¿Sería la 105? Me pareció que ése era el número de la salida.

Nos bajamos en cada una de las salidas, una tras otra, buscando señales que finalmente me indicaran en qué dirección estaba la casa de Suzanne. Mientras manejaba, comencé a darme cuenta de que desde el año que yo había estado en el área, habían aparecido muchas nuevas urbanizaciones. Edificios adicionales cambiaron el terreno. Centros comerciales de nuevo estilo sustituyeron a los anteriores. El panorama había cambiado por completo lo familiar que me era aquella comunidad. De lo que un año antes yo estaba tan segura, ya no era igual.

Lo bueno es que Diana estaba acostumbrada a mis aventuras. Al haber viajado miles de kilómetros conmigo a través de todo el país, ella había aprendido a dejarse llevar por la corriente. Algo, aun mejor, es que a la una de la madrugada todavía tenía sentido del humor cuando llegamos a una estación de bomberos para pedir ayuda.

Diana y yo todavía nos reímos al recordar esa noche. El peor de los casos habría sido que hubiésemos tenido que encontrar un hotel. Gracias a Dios, lo que sucedió no fue gran cosa en el esquema general de la vida. Yo pensé que sabía adonde iba, pero cuando llegué, estaba perdida.

Esa experiencia mía en Atlanta, es exactamente como la maternidad cuando no nos convertimos en madres *intencionales* acerca de nuestros planes para la crianza de nuestros hijos. Podemos comenzar nuestro camino hacia la maternidad con un sentido de confianza; pero cuando nuestros hijos se hacen adultos, podemos sentirnos perdidas, tristes, culpables, o llenas de remordimientos. Tal vez lleguemos a nuestro destino general, pero no podemos lograr todo el potencial de nuestra crianza de los hijos si nosotras (y nuestros hijos) no llegamos adonde nuestros corazones realmente deseaban.

Lo más triste es que Dios nunca tuvo la intención de que las madres vivieran con esos remordimientos, dudas y autoacusaciones. Aunque el cuidado maternal es la tarea más difícil que lleguemos a emprender, nuestro Creador la diseñó para que sea la más gratificante, impactante y cercana al corazón de Dios de cualquier relación en nuestra vida.

## Sin remordimientos

El 14 de agosto de 2003, mi esposo y yo acabábamos de llevar todas las cosas de nuestro hijo a su habitación en la residencia de estudiantes en Georgia Tech. Todo estaba en su lugar; habíamos almorzado y lo único que quedaba por hacer era decirnos adiós.

Aunque una parte de mi corazón siempre temía este momento: dejar atrás a mi primogénito; otra parte estaba tranquila. Habíamos orado, nos dijimos adiós, abrazamos a Taylor una última vez, y salimos de su habitación. Cuando nos fuimos, en mi mente me vi devolviéndole la batuta a Dios, y diciéndole: «Taylor es todo tuyo ahora».

Cuando me fui, me di cuenta de que no tenía remordimiento alguno.

Ahora bien, quiero que usted entienda algo. Aquel fue un momento impactante para mí.

Note que no dije «ningunos errores». Cometí muchos; pero los errores y los remordimientos son dos cosas diferentes.

Criar a Taylor había sido como tener dolores de parto cada día de mi vida. Nada fue fácil en cuanto a mi hijo primogénito. Él me hacía pensar; era complicado, desafiante e interesante. Tenía criterio propio, y no seguía los dictados de otros. Mi hijo hizo que yo estuviera más de rodillas que de pie. Desafió mi capacidad intelectual, mi estabilidad emocional y mi madurez espiritual cada día.

Aunque él me abrumaba diariamente, al mismo tiempo me enseñó más que ninguna otra persona en mi vida. A pesar de todo eso, la maternidad me enseñó cómo depender de Dios en vez de ser autosuficiente. Así que cuando ese día lo dejé en la universidad, realmente salí de allí sin remordimientos.

También usted puede criar a sus hijos sin remordimientos . . . si se convierte en una madre intencional.

## Cuidado maternal sin remordimientos

Lamentablemente, demasiadas mamás envían sus hijos al mundo cuando ya son adultos jóvenes y luego experimentan una sensación abrumadora de remordimientos. Se preguntan: *¿Están mis hijos listos para el mundo? ¿Les enseñé lo que debía enseñarles? ¿Habré hecho una mala decisión que los afectará para siempre? ¿Qué podría haber hecho de manera diferente?*

Sin embargo, usted puede llegar a ese día cuando les diga adiós con la mano y los suelte sin hacerse esas preguntas. Como psicoterapeuta, podría darle una definición larguísima, llena de términos técnicos de la palabra *remordimiento*. Pero creo que sin ningunas definiciones complicadas, sabemos cómo se siente el remordimiento. Cuando ocurre, es inconfundible y deseamos poder deshacernos de ese sentimiento tan pronto como podamos. Le voy a decir como veo yo el remordimiento: es un profundo dolor o pena por sus acciones, en particular en cuanto a las relaciones que tienen más valor y significado. La angustia producida por el remordimiento puede causar una vida de vergüenza, miedo e inseguridad. No le mentiré, esta es la experiencia de muchas madres que he conocido. ¿Por qué? Dejaron de prestar atención al llamado a dedicarles a sus hijos toda su intención y aceptar el proceso de la maternidad.

Cada madre teme que pasará veinte años de su vida criando a su hijo o hija para sólo descubrir que falló al no invertir en las cosas que eran importantes, ni en enseñarlas. Incluso si sus hijos aún se encuentran en proceso cuando llegan a la edad adulta, es posible lanzarlos al mundo y saber que usted no tiene ningún remordimiento en cuanto a la manera que los crió. *Si ha sido intencional a lo largo del camino.*

Para llegar al destino de la maternidad que deseamos, usted y yo debemos decidir ser intencionales en cuanto a nuestros hijos y sus vidas. En su forma más básica, la «maternidad intencional» significa que usted mantiene sus valores y creencias en la vanguardia de su papel como madre. Activamente busca maneras de demostrar esos principios fundamentales así como de inculcárselos a sus hijos. A primera vista, esto parece bastante simple, pero a veces es difícil saber exactamente qué hacer o cómo hacerlo. Esperamos que este libro le dé muchas ideas. Sin embargo, quiero decirle que lo que usted lea aquí, puede parecer distinto de lo que al principio se imaginó o prefiere, así que permítase pensar fuera de la caja. Otra parte de ser una mamá intencional es adaptarse y pensar específicamente en *sus* hijos y las necesidades de *ellos*. Sé que usted y yo juntas terminaremos en algún sitio grandioso.

Con este fin, este libro es su llamado *a la acción*.

Le pediré que piense de manera muy diferente de la que está acostumbrada, y a creer que tiene la capacidad para estar a la altura de las circunstancias. Le pediré que ponga a un lado cualquier expectativa sobre lo que piensa que este libro podría decir.

Este libro la desafiará, la consolará, la convencerá y la investirá de poder.

Este libro le pedirá que piense, pregunte, sueñe y planee.

## Metas de la maternidad

Todo lo que es importante en la vida requiere planificación. Las bodas, los grados académicos y las carreras; todos requieren mucha planificación. Cada meta decisiva de la vida tiene un propósito adaptado para suplir las necesidades del individuo o de la pareja.

Fijamos una meta, y luego invertimos el tiempo, la energía y el dinero para alcanzarla. Señales a lo largo del camino nos mantienen en la dirección correcta para asegurarnos de que la lograremos. Seguimos nuestro plan y nos adaptamos cuando surgen necesidades o nuestros deseos cambian.

Cuando entendemos nuestro propósito y nuestra dirección en la vida, demostramos más confianza, ejercemos más energía, poseemos más esperanza, nos proponemos metas más grandes y experimentamos una mayor sensación de triunfo. Es más probable que seguiremos adelante cuando las cosas se pongan difíciles, porque sabemos que finalmente la situación actual cambiará.

No nos rendimos fácilmente.

Estamos seguras de nosotras mismas.

Sin embargo, cuando se trata de nuestros hijos, parecemos andar sin rumbo fijo durante su infancia y adolescencia en vez de determinar metas *intencionales* para ellos, como lo hacemos con otras misiones importantes en nuestras vidas. Los principios que nos ayudan a lograr la grandeza en las carreras, los acontecimientos, las ambiciones personales, o incluso en el matrimonio, a menudo están ausentes en la tarea más significativa de nuestras vidas: la formación y el desarrollo de nuestros hijos.

Cuando se le pregunta a una nueva madre sobre las esperanzas y metas que tiene para sus hijos, por lo general dice que quiere que crezcan para ser personas felices, seguras de sí mismas y emocionalmente sanas con vidas significativas y productivas. Sin embargo, ella no se da cuenta; y en realidad tampoco ninguna de nosotras, de que sólo porque la madre *desea* vidas significativas para sus hijos eso no garantiza que habrá de suceder automáticamente.

Debemos pensar decididamente en nuestros deseos. Debemos actuar en cuanto a nuestras metas. Debemos poner la mira en la satisfacción demorada mientras hacemos el trabajo ahora. ¡Debemos ser *intencionales*!

Durante años, la maternidad como papel ha conllevado amplias expectativas pero poca dirección sobre cómo desempeñarlo bien. Muchas mamás entran en esta importante etapa con pocas metas y propósitos, simplemente tratando de pasar cada día con tan pocas crisis como les sea posible.

Entramos en la maternidad con nuestros sueños, ideales y deseos.

Todo comienza el día en que descubrimos que vamos a ser madres. Pero nuestros sueños y deseos pueden ser fácilmente rotos por la realidad, y también nuestros corazones, si no estamos preparadas para criar intencionalmente a nuestros hijos con propósitos y metas específicos.

## La maternidad es más que eso

La maternidad es más que alimentar, cargar y poner pañales. Es más que ayudar a nuestros hijos para que aprendan a gatear, caminar y alimentarse por sí mismos.

La maternidad es más que simplemente cumplir con las formalidades. La maternidad abarca la temporada crítica cuando los hijos aprenden a confiar y a establecer límites sanos; cuando aprenden a tener conocimiento de sí mismos, las reglas implícitas de la sociedad y la importancia de establecer límites. Es la mejor manera que conozco para modelar todas estas cosas. Cuando usted las modela realmente, además de ser una mamá genial y una persona íntegra, sucede algo que realmente es más importante y maravilloso: les demuestra a sus hijos que se respeta a sí misma y los respeta a ellos, que toma muy en serio su papel de hacerles ver que Dios los diseñó totalmente como Él quiere que sean. Durante sus primeros años, sus hijos comienzan a reconocer que son valiosos y que sus necesidades son importantes. La maternidad no es tanto acerca de usted, como acerca de que sus hijos desarrollen una sensación de seguridad emocional y física que pondrá el fundamento de la forma en que ellos perciben al mundo.

El hecho de que usted no se entere de estas cuestiones críticas durante los primeros años de su hijo o hija, puede causar luchas que durarán toda la vida y dificultades para ellos. Si no reconoce el significado de esta temporada del desarrollo, eso podría debilitar el potencial de sus hijos y que por lo tanto más tarde se enfrenten a problemas difíciles y complicados.

¿Ya está abrumada? Esto mejorará. Se lo prometo.

Cuando sus hijos lleguen a los años de la escuela primaria, comenzará una nueva temporada de cuidado maternal. Entonces, las cuestiones cambiarán porque el camino básico de sus personalidades ya está en gran parte formado. Usted empieza a reconocer quiénes son y quiénes no son ellos. Sus intereses, talentos y capacidades comienzan a surgir durante esta temporada del desarrollo.

Las discapacidades de aprendizaje también pueden surgir en este tiempo, así como los problemas sociales y emocionales, si no es que ya lo han hecho. Debe aprovechar esta temporada de las vidas de sus hijos, porque este es el tiempo para inculcarles creencias, convicciones y principios. ¿Qué tal le va a usted en esta área? ¿Cómo sabe si ellos captan sus valores?

Esta temporada es también la más crítica para establecer un fuerte sentido de identidad, confianza y habilidades de pensamiento crítico. *Antes* del torrente de hormonas, es el momento para que las madres enseñen definiciones sanas de las relaciones masculinas y femeninas, la sexualidad, la pureza y el respeto.

Sin embargo, la infancia es fácilmente comparada con la confusión de la siguiente fase: la escuela media.

Los años de la preadolescencia plantean nuevos desafíos. La reputación y los rumores implantan miedo y temblores incluso en las mamás más seguras de sí mismas, cuando esperan esta fase de la maternidad. La verdad es que esta fase es difícil, pero no por las razones que usted sospecha.

Seamos sinceras. ¿Ha oído hablar de historias horribles sobre niños del quinto al octavo grado? ¿Le han dicho que son imprevisibles y raros? ¿Ha esperado esta edad con entusiasmo y asombro?

¡Es probable que no!

Olvídese de todas las historias de terror sobre esta fase de la vida de su hijo, y comience a reconocer que los misterios de Dios y su sentido del humor a menudo se revelan durante esta edad. Se trata de otra manera en que Dios atrae nuestra atención, porque durante esta temporada las madres realmente reconocen cuánto necesitan su ayuda. Los niños en esta variedad de edades tienen miedo, son difíciles, impulsivos e inseguros sobre cada parte de quienes son. Demasiadas madres escuchan a otras madres, en vez de reconocer por sí mismas la etapa de necesidad y desarrollo de sus hijos. El factor clave es que usted no se deje llevar por el pánico, sino que entienda.

La manera en que maneje los años de escuela media la unirán a usted y su hijo o separarán sus corazones. Al haber trabajado con niños y familias durante veinticinco años, me he dado cuenta de que cuando un niño tiene catorce años, o está cerca del final del octavo grado, el período de aprendizaje se cerrará. Lo que le haya inculcado hasta este momento surgirá (o no) durante la siguiente fase de su vida. Además, sus compañeros comenzarán a ejercer una influencia más grande en él. Así que si usted es intencional durante los años de escuela media, pondrá un gran fundamento para la siguiente fase.

Así que, ¿está preparada para la adolescencia? ¿Qué le parecen los años de escuela secundaria? ¿Le gusta lo que ve en sus hijos en este momento?

La adolescencia es una etapa difícil para sus hijos porque aún sus mentes son vulnerables y se enfrentan a un aumento de desafíos con sus emociones y cuerpos. Entra en juego la tensión entre sus valores morales y sus cuerpos, que están cambiando. Ellos luchan para entender quiénes son, cómo encajan, y lo que creen.

Los adolescentes de escuela secundaria se enfrentan a decisiones significativas en la vida, y no siempre poseen el conocimiento de sí mismos para manejarse bien en situaciones difíciles. Dudan si son aceptables. Preguntan si alguien les amará. Se sienten solos y abrumados. Se preguntan: *¿Qué debería hacer yo con mi vida? ¿Quién llegaré a ser? ¿Me gusto a mí mismo? ¿Les caigo bien a otras personas? ¿A qué universidad iré? ¿Cómo me ganaré la vida?*

¿Le abruma y asusta a usted este torrente interminable de preguntas y comentarios? Espero que así sea.

Quiero que entienda cuál será el costo para sus hijos si usted simplemente cumple con las formalidades de la maternidad sin poner en acción su mente, buscar la dirección de Dios y ser intencional en cuanto a cómo cuidarlos y protegerlos. Una madre tiene mucho que perder si solamente es una mamá de *mantenimiento*; que avanza por las rutinas diarias superficiales sin pensar en las implicaciones a largo plazo de sus decisiones, la profundidad de su papel como madre y el regalo de cada momento que experimenta con sus hijos. Si deja de comprender bien que está inculcando valores, formando definiciones relacionales y estableciendo la importancia de la fe en Cristo en la vida de sus hijos, eso la conducirá a muchos remordimientos cuando ellos se lancen al mundo.

Si usted no involucra su inteligencia emocional en este viaje, si no *piensa* en las implicaciones de sus reacciones y decisiones de cada día, sus hijos sufrirán. Si no incluye a Dios en su viaje de la maternidad, sus hijos no tendrán un fundamento de valores espirituales para guiarles en sus propias decisiones. Peor aún, si no desarrolla la inteligencia emocional y el sentido de fe de ellos, pueden fracasar en las áreas más importantes de la vida.

Las buenas noticias (¡si, hay buenas noticias!) son que durante los años de la adolescencia, usted comienza a ver que las inversiones que hizo en los años más tempranos de sus hijos producen resultados.

Usted será probada, torturada y atormentada, pero sobrevivirá. Como resultado, será una persona mejor . . . si ha sido *intencional*. Su vida se enriquecerá al experimentar esos años con sus hijos, y el vínculo potencial entre ustedes será increíble.

La palabra *intención* significa «tener nuestra atención claramente concentrada o fija en algo». Esto describe con claridad el corazón de Dios para la humanidad cuando nos creó. Él tuvo un plan concentrado en la creación de seres vivientes para que tuvieran una relación con él: personas que le traerían honor.

Dios fue intencional en todo lo que creó, planeó y amó.

## Principios de la maternidad intencional

Este libro le mostrará los caminos de Dios, el primer Padre, el Padre supremo. Descubrirá la perseverancia con que usted puede llegar a ser la madre intencional que Dios deseó que usted sea, y que modeló para usted como ejemplo. En mi experiencia con mamás durante casi treinta años, he visto surgir los mismos temas, los mismos problemas y las mismas soluciones una y otra vez. Por consiguiente, veo que hay *siete* principios de la maternidad intencional.

1. *El primer principio* considerado en el capítulo 1, es que las madres deben ser intencionales en cuanto a su *propósito*. Hoy en día, cuando tantas mamás bienintencionadas crían a hijos inseguros, deben estar dispuestas a detenerse y examinar las razones por las que hacen lo que hacen. Este principio enfrenta a las madres cara a cara con el poder que tienen en las vidas y el desarrollo de sus hijos. Este capítulo perfila la importancia de vivir en integridad y le anima a evaluar cómo usted se ve a sí misma.

2. *El segundo principio* es una invitación a las madres a ser intencionales acerca de conocer a sus hijos. Este capítulo explica por qué a menudo los niños «buenos» no se sienten bien consigo mismos. Consideraremos las suposiciones que hacemos acerca de lo que nuestros hijos realmente creen de sí mismos y las luchas que afectan su confianza, su valoración y su potencial. Descubrirá cómo ser una madre intencional puede eliminar la mayoría de la confusión, al entender lo que realmente significa *conocer* a sus hijos. Usted será investida de poder para saber cómo comunicar verdades impactantes a sus hijos.

3. *El tercer principio* les enseña a las madres a ser intencionales en cuanto a la *visión* que tienen para sus hijos; es decir, conservar la meta en su mente. Este capítulo le enseña a usted cómo vivir pacíficamente durante los años de la adolescencia de sus hijos. Mientras que ellos son jóvenes debe abrazar con firmeza los preceptos que la ayudarán a lograrlo. Sin embargo, nunca es tarde para aprender las

verdades que le impartirán esperanza, corazón y fe durante un tiempo cuando los adultos jóvenes se enfrentan con sus mayores desafíos. La realineación de la importancia de los errores, desde la perspectiva de Dios, la ayudará a respirar profundamente cuando de no ser así, pudiera ponerse a vociferar. La lectura de este capítulo es imprescindible para las mamás asustadas.

4. *El cuarto principio* introduce la necesidad de que las madres ayuden a sus hijos a desarrollar la *inteligencia emocional*, incluyendo la capacidad para *identificar los sentimientos*. Usted aprenderá la importancia de pensar detenidamente en las situaciones, y enseñarles a hacer lo mismo. Este capítulo ilustra el impacto que se produce en sus hijos si descuida esta área de su corazón y el de sus hijos. Descubrirá los instrumentos para aprender a ser perspicaz y sensible, así como a relacionarse con ellos.

5. *El quinto principio* desafía a las madres a ser intencionales en cuanto a *mantener su posición*: su autoridad e influencia. Este capítulo la ayudará a entender las diferencias clave entre el respeto y la felicidad, al ilustrar cómo el respeto es necesario y la felicidad, no. Uno de los mayores errores que las madres de hoy en día cometen es no entender la diferencia entre estos dos diferentes conceptos. Deben reconocer el daño que causan cuando no saben cuáles son los lugares que les corresponden al respeto y a la felicidad en su maternidad.

6. *El sexto principio* les pide a las madres que sean intencionales acerca de *enfrentarse a sus temores*. Este capítulo explora la enorme diferencia entre ser una madre controladora y una madre intencional. En este capítulo se perfila el

impacto de cada método en sus esfuerzos para fomentar la confianza, la fe y la salud emocional en sus hijos.

7. *El séptimo principio* exhorta a las madres a ser intencionales en cuanto a *depender de Dios*. El sentido del humor de Dios comienza con contracciones. No importa si es por adopción o por nacimiento natural, realmente no tenemos ningún control sobre cuándo llegará nuestro bebé. Está fuera de nuestras manos desde el principio; esta es la primera lección de Dios sobre la maternidad. Este capítulo se concentra en enseñarle a usted cómo depender de Dios y confiar en Él, quien es el que creó a sus hijos.

Aunque este libro es principalmente para ustedes las mamás, los papás serán bendecidos cuando ustedes adopten un método intencional en cuanto al cuidado maternal. Esto permite que el padre de sus hijos se sienta mejor en su papel como papá. Los hombres están más seguros de sí mismos cuando hay un plan de acción y un sentido de orientación. En el momento que un padre reconoce lo que significa ser intencional con las vidas de sus hijos, al ver a la madre dar el ejemplo, es más probable que tomará este desafío en serio y participará más activamente.

## Pensar en una nueva dirección

Cuando mi amiga Diana y yo nos extraviamos, eso me recordó cuán fácilmente podemos engañarnos *confiadamente*. Mi experiencia de esa tarde no tuvo implicaciones con riesgo de muerte para ninguna de nosotras. Sin embargo, una madre extraviada y sin que la dirijan, puede experimentar resultados lamentables y desastrosos con sus mayores tesoros.

¿Es usted una madre que no quiere extraviarse en el camino de criar hijos sanos? ¿Está su corazón de madre lleno de sueños para que sus hijos se conviertan en adultos con carácter, valor y fe; que impacten positivamente a su mundo? ¿Está preparada para ser una madre que viva sin remordimientos? ¿Quisiera confiarle realmente sus hijos a Dios?

Entonces únase a mí, para que juntas viajemos por el camino intencional que Dios mismo ha preparado con ternura para nosotras.

¿Le sorprendería si le digo que eso está bien? Aún más, ¿que es *bueno*? A medida que usted pasa a través de la *crianza sin remordimientos*, descubrirá que el corazón de ser una madre intencional consiste en estar presente en las vidas de sus hijos, evaluando sus personalidades y su conducta, adaptándose al momento y desarrollándose a sí misma a lo largo del camino. Lo que espero enseñarle es que no tiene que criar a sus hijos de una manera perfecta. Yo no puedo ser una madre perfecta; ni tampoco su vecina, ni la esposa de su pastor pueden. Estoy segura de que sabe que tampoco su mamá era perfecta. El caso no es convertirse en una madre perfecta, sino en una mamá *intencional*.

La parte esencial de volverse intencional es comprender qué es lo que funciona para su *familia*, *sus* hijos. Así que si se da cuenta de que usted no está de acuerdo conmigo, eso es bueno. ¿Por qué? Porque significa que piensa críticamente en las ideas y las adapta a sus necesidades específicas. Si las ideas en este libro la hacen luchar, poner en duda mi perspectiva, o incluso discrepar conmigo . . . entonces ya se está convirtiendo en una mamá intencional y va bien en su camino hacia la crianza de los hijos sin remordimientos.

## Puntos de fe

A todo el que se le ha dado mucho, se le exigirá mucho; y al que se le ha confiado mucho, se le pedirá aun más.

Lucas 12.48

¿Alguna vez ha visto a sus hijos como regalos que Dios le ha confiado? Este versículo bíblico dice que si se nos ha dado mucho, mucho se esperará de nosotras. Piense detenidamente en las siguientes preguntas a la luz de este versículo:

1. Si Dios le ha confiado los hijos que le ha dado, ¿qué cree que esto dice sobre la opinión que Él tiene de usted?

2. Si «mucho más» se pide de aquellos a los que se les ha confiado mucho, ¿cuánto «aún más» está pidiendo Dios de usted como madre?

# 1

# Por qué las mamás bien-intencionadas crían hijos inseguros

**Principio 1:** Sea intencional en cuanto a comprender su propósito

Durante mis primeros años como la esposa de un pastor, a menudo me ofrecí como ayudante en la guardería de la iglesia. Vi a todo tipo posible de nueva mamá entrar por las puertas de aquella guardería infantil, y aprendí unas cuantas cosas.

Las nuevas mamás no se dan cuenta de esto, pero ellas pueden ser causa de que posteriormente sus niños pequeños tengan problemas de ansiedad; simplemente por la manera en que los dejan en la guardería; o en el centro de cuidado diurno, o con un amigo o miembro de la familia. Permítame explicarle.

Al principio, todo niño experimenta la ansiedad de la separación. Es una transición natural en cuanto a los bebés. Cuando los niños se separan de la mamá, pueden entristecerse al dejarles con alguien que ellos no conocen bien. Se agarran de la madre, lloran y gritan. Pero la verdad es que eso no les daña ni les traumatiza ni les marca permanentemente. Nueve de cada diez veces, se calman cuando se les distrae o consuela. Las lecciones que aprenden son:

- que están seguros,
- que mamá regresará, y
- que pueden confiar en su mamá cuando los deja con alguien para que les cuide.

Si la propia ansiedad de una madre sale a la superficie al dejar a su hijo con alguien, puedo asegurarle que el niño la sentirá. Los niños son sensores desde que nacen, así que saben cuándo la mamá está inquieta. Esto, inadvertidamente, les envía un mensaje a los pequeños: *Si mamá está nerviosa, tal vez yo no estoy seguro.*

No hay nada malo en que las mamás vigilen a sus hijos en cuanto a su adaptación a los cambios o nuevos ambientes. Sin embargo, el verdadero problema no es la capacidad del niño para adaptarse, sino la incomodidad de la mamá, el miedo y la ansiedad que su hijo detecta.

¿Son estas mamás bienintencionadas? ¡Por supuesto! ¿Son personas maravillosas y fabulosas? ¡Sin duda! ¿Contribuirán a hacer que sus hijos se sientan inseguros o se preocupen en cuanto a intentar cosas nuevas en el futuro? ¡Sí! ¿Es ése el deseo de su corazón? ¡De ninguna manera!

Mamá, por eso este primer principio: el propósito, tiene que ver más con usted que con sus hijos. Así que tengo que llevar las cosas al terreno personal. Y como nada es más personal que ser madre, enfrentemos el problema directamente para que usted pueda ser la mamá que sus hijos merecen.

Ahora bien, no quiero ejercer ninguna presión en cuanto a esto, pero *usted es la mujer más importante que sus hijos conocerán*. Sin tener en cuenta cómo *usted* se siente sobre su importancia, debe comenzar a reconocer inmediatamente su valor ante los ojos de su hijo o hija. Dejar de entender esto, tiene un costo: A sus hijos les costará su valor propio. A usted le costará la paz de mente y corazón. Al Reino le costará la oportunidad de ser tan bendecido como Dios quería que fuese. Éste es un precio alto que pagar porque simplemente *vagamos sin rumbo fijo* a través de la maternidad, en vez de avanzar *con propósito*.

En el transcurso de los años, la importancia de una madre se ha oscurecido. A menudo he comparado la percepción de la maternidad con el techo de una casa: nadie piensa que está allí hasta que aparece una gotera, o hasta que se destruye por completo. Aunque la relevancia de la maternidad ha caído en la oscuridad; nuestro papel se ha hecho más complejo, con mayores exigencias. Cada madre en algún momento siente la carga que viene con esas expectativas. Muchas veces las madres dan tanto, y reciben tan poca consideración.

Las suposiciones culturales se añaden al estrés. Parece que la sociedad compara nuestra capacidad biológica de dar a luz con la capacidad de ser una buena madre. La verdad es que cada día, miles de mujeres traen niños al mundo con éxito. Pero hace falta una mujer especial, concentrada en la intención de criar con éxito a sus hijos.

Lamentablemente para nuestros hijos, las madres hemos aceptado la opinión de menosprecio que nuestra cultura tiene de nuestro papel, porque subestimamos nuestra importancia en cuanto a nuestro hijo o hija. Si estuviéramos realmente conscientes de nuestra influencia, no existirían muchas de las cuestiones críticas en las vidas de los niños de hoy en día; y entonces yo no estaría escribiendo este libro.

## ¿Cuál es el propósito de una mamá?

Quiero que usted deje de leer por un momento y busque una hoja de papel y un lápiz. Ahora tome unos minutos para anotar cuál cree que es su propósito al ser madre. Dedique algún tiempo a reflexionar. Escriba una oración o dos, y recuerde: esto no es una prueba. Cuando haya terminado, póngala a un lado. La veré en unos minutos.

...

Eso fue difícil, ¿verdad?

Pedirle que declare su propósito como madre, se parece a pedirle que escriba la historia del mundo con treinta palabras, más o menos. La maternidad es un concepto en el que todas creemos, pero pocas podemos articularlo. Una de las razones por las que luchamos con su descripción es que la lista de papeles relacionados con el título nunca termina. La mamá es enfermera, maestra, protectora y chofer. Es consoladora en los momentos de angustia, disciplinadora en los momentos de desobediencia y animadora en los momentos cuando sus hijos son puestos a prueba. Y *siempre* es una farmacia y tienda ambulante con una bolsa llena de refrigerios, curitas y juguetes.

El otro problema es que aunque podemos describir las *tareas* de nuestra posición, luchamos para articular el *corazón* intangible del cuidado maternal. Y si no podemos expresar nuestro propósito, incluso a nosotras mismas, hay poca probabilidad de que lo pongamos en práctica.

En un estudio sobre la maternidad, realizado en el año 2005, se encuestó a poco más de dos mil mamás en todas las líneas demográficas, con respuestas sorprendentemente similares en muchas áreas. Cuando se les preguntó si su labor como madres era lo más importante que hacían, el 81 por ciento dijo que sí, y el 19 por ciento restante dijo que era una de varias cosas importantes.[1] Estas mamás también encontraron satisfacción en ser mamás (el 81 por ciento de ellas estuvieron muy satisfechas en tanto que el 16 por ciento estuvieron algo satisfechas), a pesar del desacuerdo en sus circunstancias socioeconómicas.[2]

Obviamente, las madres encuestadas tienen un fuerte sentido de propósito en cuanto a su papel. Por lo tanto, si encontramos tal satisfacción e importancia como mamás, ¿no deberíamos estar seguras de nosotras mismas en cuanto a cuál es nuestro propósito? Comencemos definiendo la palabra *propósito*.

Un propósito es una razón, principio, o lógica para llevar a cabo algo con significado o valor. Esto indica que algo tiene importancia y profundidad, y requerirá pensamiento y atención para realizarlo. El propósito de una madre es influenciado por el ambiente, la historia y la personalidad. También es impactado por el propio viaje personal de una mujer con su madre. Así que nuestra definición de «maternidad normal» está basada en cómo nos criaron, porque nuestras madres son nuestras definiciones individuales de «normal». (No estoy diciendo que cada madre es digna de que se le tome como modelo. Lo que digo es que la manera en que se nos crió cuando éramos niñas define lo que es «normal» para nosotras, hasta que aprendemos qué comportamientos no podrían considerarse normales). Incluso más tarde, ya como madres, las mujeres buscan en sus propias madres apoyo emocional. El estudio sobre la maternidad, que acabo de mencionar, también halló que aunque «las madres más frecuentemente nombraron al cónyuge (48%) como su fuente principal de apoyo emocional, el veinte por ciento nombró a su propia madre».[3]

Piense en esto: *Usted representa para sus hijos lo que es «normal»*. Sus hijas probablemente van a criar a sus hijos como usted crió a los suyos. Los hijos de usted probablemente esperarán que sus esposas lo hagan de la manera que usted lo hizo.

Además de ser una satisfacción y un desafío, la maternidad es una responsabilidad multigeneracional. Si usted es madre, *usted* está impactando a incontables generaciones.

El propósito de una madre es entregarse por completo a impartir valores, fe, creencia y amor a los hijos que le han sido confiados. Acepte el viaje de la maternidad con la creencia de que los capacitará para que ellos cumplan con el propósito para el que fueron creados. *El cuidado maternal con propósito, consiste en reconocer que su misma existencia define el amor, imparte vida, protege la inocencia, cree en lo imposible y ve las luchas de la vida como oportunidades para enriquecer las de sus hijos.*

El estudio de la maternidad confirma que las madres sienten la importancia de este apoyo y crianza en las vidas de sus hijos: «Muchas mujeres hablaron de las madres como el fundamento de la sensación de seguridad y confianza de un hijo».[4] La madre sabe que es el suelo emocional sobre el cual sus hijos construirán sus vidas hasta que ella pueda transferirles ese fundamento a Dios. Esta definición es abrumadora.

Algunas de ustedes tal vez piensen: *Quizá debo rendirme ahora, porque de ninguna manera puedo ser esta clase de mamá con propósito.* ¿Sabe qué? Tiene razón. No hay ninguna manera en la que una mujer pueda satisfacer los requisitos de esta definición de una madre con propósito.

Las buenas noticias son que Dios no espera que usted lo logre sola. Desde el principio, Él sabe que esto es algo demasiado difícil para usted. Después de todo, la creó para este fin. Él quiere que entienda la importancia de su viaje y que no deje de valorarlo. Quiere que tenga un vislumbre de la importancia de esta labor que ha emprendido; después de todo, usted simbolizará a Dios para sus hijos. Sus vidas dependen de que se informe para que pueda ver la responsabilidad imponente, el honor y la importancia del lugar que ocupa en las vidas de ellos.

Cuando una madre sabe cuál es su propósito, sus hijos sabrán cuál es el de ellos. Desarrollarán un sentido interior que les dará confianza interna y externa. Se sentirán bien con ellos mismos y libres para caminar siguiendo los dictados de su corazón; con la esperanza de que esos dictados vengan de Dios. No serán tan vulnerables a las exigencias de nuestra cultura porque será menos probable que vean a sus compañeros como la definición del éxito. Estarán afianzados por el fundamento del amor con propósito de una madre, y no serán golpeados por las expectativas despiadadas del mundo.

¿No es esto lo qué usted quiere para sus hijos? Tener un propósito en cuanto a su cuidado maternal logrará esta clase de vida para ellos.

¿Cómo es una madre con propósito? ¿Cómo se convierte usted en una madre que sabe hacia donde va?

## Confíe en su intuición

A menudo cuando comenzamos el viaje de la maternidad, estamos preocupadas. ¿Recuerda cómo se sintió la primera vez que se convirtió en madre? Yo lo recuerdo.

Estábamos adoptando a nuestro primer hijo, y habíamos esperado a que nuestro hijo varón naciera. Nuestro abogado estaba preocupado de que tal vez la madre biológica no llevara a cabo la adopción. Sabíamos que hasta que se firmaran los documentos, en cualquier momento podrían dejarnos con los brazos vacíos y nuestros corazones destrozados.

¿Puede decir que eso fue angustioso?

Finalmente llevamos a Taylor, nuestro nuevo hijo adoptivo, a casa. Yo estaba asustada y entusiasmada. Mi esposo Neil y yo habíamos esperado mucho tiempo por un hijo; y yo quería hacer las cosas bien. Ahora miro hacia atrás y veo que fui demasiado protectora durante las primeras semanas, sobre todo porque parecía que podríamos tener algunos problemas médicos.

A medida que pasó el tiempo me sentí normal otra vez. (Sé que la palabra *normal* tiene una definición muy amplia).

Es probable que usted pueda identificarse con esto. La experiencia normal de que al ser nuevas madres estemos ansiosas, desaparece rápidamente a medida que nos vamos familiarizando cada vez más con nuestros hijos. En esos primeros años, parece que nos las arreglamos bastante bien mientras que ellos avanzan tranquilamente a lo largo de los caminos normales del desarrollo. Nos aferramos a nuestra influencia y posición con relativa facilidad. El único momento en que típicamente nos soltamos es cuando se trata de un pediatra o un miembro cercano de la familia.

Sin embargo, cuando la educación formal de nuestros hijos comienza en el kindergarten o en el primer grado, abandonamos cada vez más nuestros instintos, observaciones y conocimiento. El proceso comienza despacio, pero en el momento que nuestro hijo ha empezado la escuela media, nuestra exasperación con ellos a esa edad, le echa leña al fuego de la insuficiencia, y además hace que dejemos de usar el cerebro cuando estamos en la presencia de alguien que parece saber más que nosotras. En el momento que esto ocurre, nuestra confianza se sacude y somos vulnerables a las dudas y a la crítica.

Nos preguntamos si sabemos lo que hacemos. Tenemos dificultad para discernir entre el comportamiento normal en la escuela media y el comportamiento problemático. Pensamos: *Tal vez mi hijo tiene un problema tan grande que yo no estoy capacitada para manejarlo.* Silenciosamente dudamos de nuestro propio juicio sobre nuestros hijos, y creemos que otros serían capaces de hacer por ellos lo que nosotras no podemos. Por consiguiente, nuestros hijos responden con un aumento de inseguridad.

¿Le resulta esto familiar? ¿Ve cuán fácilmente puede ocurrir la transición de segura de sí misma a inestable? ¿Ve cómo la confianza de nuestros hijos también es afectada? Esto sucede porque las mamás se concentran en lo que otros piensan, en vez de en lo que ellas saben. Esta es una de las primeras trampas importantes que se deben evitar. No queremos caer inconscientemente en la inseguridad. Y no lo haremos si tenemos un propósito.

*Una madre con propósito entiende que no posee toda la sabiduría y el conocimiento sobre la maternidad, los niños y la crianza de los hijos.*

Sin embargo, lo que usted posee realmente es el conocimiento del corazón en cuanto a sus hijos, que la ayudará a hacer lo que necesita hacer cuando el momento llegue. Como madre con propósito, sabe que usted es realmente la experta en cuanto a sus hijos; y nadie puede sustituirla.

¿Entiende esto? *¡Usted es la experta en cuanto a su hijo!*

Cuando busque asesoramiento externo, debería ser con la intención de investigar otras opciones, respuestas y posibilidades para *complementar*, no para sustituir su propio entendimiento. Escuche la sabiduría de otros con un corazón intuitivo y una mente exigente. Confíe en que tendrá paz cuando haya encontrado la respuesta a su pregunta. Entonces vivirá con una confianza tranquila que le dirá que usted y Dios atravesarán el desafío de la maternidad juntos. Confíe en sus instintos como la manera que Dios tiene de susurrarle al oído la sabiduría de Él para su hijo.

Quiero que algo quede bien claro. Aunque escuchemos la sabiduría de Dios para nuestros hijos y la apliquemos, aún ellos podrían cometer errores de vez en cuando. Nuestros hijos toman decisiones que pueden ir en contra del deseo de nuestros corazones para ellos, pero eso no rebaja nuestra maternidad. Y no quiere decir que no estemos escuchando a Dios, o que él no nos escucha. Dios es más grande que las decisiones de nuestros hijos.

Hace poco aconsejé a una madre cristiana, a la cual conocí hace años, cuando yo trabajaba a tiempo parcial como orientadora de escuela primaria. Había observado a su hija mayor durante el tercer grado escolar, y ella parecía un poco especial. Sin embargo, me guardé esos pensamientos porque la muchacha funcionaba bien en la clase y se comportaba adecuadamente. Su madre nunca me dijo nada, así que pensé que no era apropiado indicar las diferencias de su hija cuando parecía que no había ningún problema.

Avancemos rápidamente a cinco años después, cuando esta madre sentada en mi oficina. Su hija estaba a punto de entrar en la escuela secundaria, pero el resto de su año de octavo grado presagiaba un desastre. La madre era una ruina. La hija estaba desconectada. ¡Nadie era feliz!

«He tenido a esta niña en terapia durante años, y ella ha usado medicamentos por cinco años», comenzó a decirme.[5] «Algo no anda bien, pero no sabría decir qué es. Nadie parece oírme cuando digo que le falta algo. ¿Estoy loca, o se da usted cuenta de lo que quiero decir?».

Ésta era una madre que se encontraba en un verdadero estado de crisis. Le dije mis observaciones sobre los años anteriores de su hija, y le aseguré que no creía que estuviera loca. Por ese entonces, yo no tenía un diagnóstico de su hija, pero sabía que los instintos de aquella madre en cuanto a su hija eran correctos.

Ella conocía a su hija. Y sabía que algo no andaba bien.

Jean, que ese era su nombre, había experimentado una relación difícil con su propia madre, quien la había abandonado durante sus años de preadolescencia. Ella se esforzaba diligentemente para no repetir los errores de su mamá, y hacía muchas cosas maravillosas con sus hijos. Lo más importante es que, como madre, vivía en integridad. Estaba involucrada, prestaba atención y respondía apropiadamente a las necesidades de su hija. Era una mujer cariñosa, con mentalidad espiritual, que buscaba el corazón de Dios a lo largo de todo su viaje. El problema de Jean es similar al de muchas madres. Buscó ayuda, pero no escuchó a la voz correcta. Creía que Dios deseaba lo mejor para su hija, pero no confiaba siempre en la sabiduría que recibía de Él. Tenía un inevitable sentido, conocido como «intuición de madre», al que le debería haber prestado atención. Si Jean hubiera escuchado al Espíritu de Dios dentro de ella, habría encontrado antes la ayuda que su hija necesitaba.

Después de que Jean y yo hablamos, llevó a su hija para que la evaluara un profesional, al cual yo respetaba mucho. Los resultados de la evaluación validaron los instintos que atormentaban a Jean. En efecto, algo no era normal en cuanto a su hija. Si años antes su condición hubiera sido diagnosticada apropiadamente, el tratamiento habría sido menos intenso y el daño sufrido por su hija menos severo. Sin embargo, en medio de aquellas noticias difíciles, Jean se sintió restaurada y aliviada. «Estoy tan agradecida de saber la verdad», dijo. «Todos estos años no tuve las respuestas que necesitaba para resolver los problemas de mi hija; pensé que estaba sola. Ahora que sé lo que sucede puedo dedicarme en cuerpo y alma a darle a ella lo que necesita».

Jean podría ser el más obvio ejemplo de las madres que no confían tanto en su intuición como para entrar en acción. Ella sería la primera en decir que uno de los efectos secundarios de su viaje es la inseguridad como resultado de todo el tiempo perdido.

Su mayor error fue que perdió de vista su propósito y su voz. Dejó de reconocer que sus percepciones y discernimiento, concernientes a su hija, eran parte de su propósito. La tarea de cada madre es ser la voz en cuanto a las necesidades de su hijo o hija, y levantar su voz hasta que le presten atención, para que se puedan encontrar respuestas y soluciones.

Algunas de ustedes podrían preguntar: «Bueno, si la intuición de una madre viene de Dios, entonces, ¿qué sucede con las madres que no conocen a Dios? ¿Cómo tienen ellas esos instintos de la misma manera que las que realmente creen en Él?» La respuesta es simple. El instinto maternal es un don que Dios les da a todas las mujeres cuando se convierten en madres, para que puedan cuidar adecuadamente a sus hijos durante la temprana edad. Si tiene dudas de esto, estudie el reino animal y observe cómo el comportamiento de un animal, que es madre, cambia cuando sus bebés nacen. Dios les dio instintos a los animales porque Él sabía que sus crías necesitarían cuidado especial durante sus vulnerables años formativos.

Su Creador es nuestro Creador.

Las buenas noticias son que aunque esto le llevó algún tiempo, Jean no dejó de escuchar a Dios.

Gracias a Dios, ella no se rindió.

Aunque todavía no hay una opinión clara sobre el viaje de su hija, estoy segura de que es mucho mayor la probabilidad de que los resultados sean mejores de lo que serían si Jean se hubiera dado por vencida.

Quizás usted se encuentra en una situación parecida a la que acabo de relatar. Tal vez tiene sentimientos que la atormentan sobre su hijo o hija, pero nadie se los ha validado. Si es así, confíe en que Dios ha puesto esos sentimientos intuitivos dentro de usted por un propósito; simplemente no ha encontrado a la persona indicada para que le ayude.

Dios les ama tanto a usted y a sus hijos que no va a dejar desatendido ningún problema que tengan. A veces descubrir la causa subyacente puede llegar a ser un proceso largísimo, pero no se rinda. Ellos se beneficiarán por su esfuerzo y perseverancia. Su tenacidad también le comunica a su hijo o hija la profundidad de su valor y su importancia en la vida de usted. Ésta es una situación en la que todos los implicados salen ganando.

## Reconozca lo valiosa que usted es

El asunto de nuestro valor es conflictivo para la mayoría de nosotras. Es en cuanto a esto que las madres de todas las edades comienzan a sentirse mal, a dejar de escuchar, o de luchar.

Ya sea que usted haga alguna de estas cosas (o las tres) la animo a que siga adelante conmigo. Tal vez quiera hacer resaltar con un rotulador esta sección para futura referencia, porque estoy segura de que querrá regresar a ella durante momentos de lucha con sus hijos.

Éstas son las preguntas:

- ¿Por qué debería tener en cuenta su importancia como madre?
- ¿Por qué su importancia es tan valiosa para sus hijos?

En el estudio sobre la maternidad, al que me referí anteriormente, el 93 por ciento de las madres encuestadas dijo que creían que «las madres ven sus contribuciones al cuidado de sus hijos no sólo como muy importantes, sino también tan extraordinarias que nadie puede sustituirlas».[6] Aunque sabemos que somos importantes, socavamos nuestro propósito al no reconocer lo importante que nuestra presencia es para nuestros hijos. Con la palabra *presencia*, no quiero decir sólo estar allí físicamente. La verdadera presencia significa que usted está totalmente involucrada emocionalmente, escuchando con atención y relacionándose respetuosamente con su hijo o hija. Las madres excelentes reconocen que hay una relación entre su autopercepción y la de sus hijos. Como son las madres, así son los hijos. Aun así, a menudo no nos valoramos hasta que algo grave sucede y finalmente apreciamos el poder de nuestra presencia en las vidas de nuestros hijos.

Varias amigas mías han muerto dejando a sus hijos sin sus mamás. Estas amigas eran mujeres que amaban la vida, a Dios y a sus familias. Eran mamás que entendían el privilegio de la maternidad. Sus hijos sabían que estaban seguros en sus brazos.

En esos momentos de cruel realidad, vemos el enorme vacío que la pérdida de una madre deja en sus hijos. Sin tener en cuenta cuánto los padres, abuelos, parientes cercanos y amigos les amen, la profundidad del dolor que esos hijos experimentan produce una terrible sensación de vacío en el lugar en que ellos estén. Personalmente me he dado cuenta de que el dolor es casi insoportable. La falta del toque personal que sólo una madre puede dar causa un dolor en el corazón de sus hijos que nunca será aliviado. Es triste que muy a menudo sólo apreciemos la presencia de una madre cuando nos vemos obligados a experimentar el vacío que deja su ausencia.

Ahora que le he causado depresión y llanto, quiero que piense en algo: ¿En alguna ocasión ha percibido que sus hijos realmente la necesitan? ¿Se ha dado cuenta de cómo ellos desean su aprobación?

¿Se ha fijado cómo se entusiasman sus hijos cuando están en la escuela primaria y usted acepta ir de acompañante en un viaje de estudios, o participa como madre voluntaria? ¿Se da cuenta de que es a usted a quien primero ellos quieren decirle que han recibido un premio o una mención especial? ¿Es consciente de la forma en que sus hijos la buscan entre el público para ver la manera en que usted reacciona a su «momento de brillar»? ¿Se ha detenido a observar cuan asustado se ponen por haberla decepcionado cuando hacen algo indebido?

Nadie, y quiero insistir en esto: *nadie*, tiene el poder que usted tiene.

Esta declaración no socava la importancia de los papás. Los papeles simplemente son diferentes, ninguno es menos importante que el otro.

El padre desempeña un papel muy importante en la vida de un hijo. Él es la primera definición que el niño hace de lo que es un hombre, cómo es y se siente la protección; y es el ejemplo de cómo es la combinación de fuerte y suave en una misma persona. El papá es también crítico en la formación de la fe de un niño, y comunica un importante entendimiento de cómo tratar a los demás.

Sin embargo, en las etapas iniciales de la vida de un niño, el padre es la segunda persona de quien él depende. La Biblia establece a la madre como la que se encarga principalmente del cuidado y la crianza. ¡Me gusta mucho la historia que se relata en 2 de Reyes, capítulo 4, donde un varoncito había ido a trabajar con su papá; pero tan pronto como se enfermó, su padre le dijo a un criado: «¡Llévaselo a su mamá!»

En virtud de la creación y del embarazo, la madre tiene el privilegio y la responsabilidad de la crianza inicial de su hijo. Cuando su hijo está aún en el útero, una madre habla con su bebé mientras se acaricia el vientre. Su voz es la más reconocible para su niño recién nacido.

Es más probable que la madre también sea la que primero se encargue del cuidado de su hijo en los tiempos de enfermedad o en los problemas y etapas iniciales del desarrollo. El reconocimiento de esta realidad no niega el papel del padre. Simplemente le permite a la madre asumir su importancia.

*Las madres intencionales entienden que su propósito, en cuanto a estar seguras de sí mismas, es crear una atmósfera de valoración y amor para sus hijos.*

Cuando usted cree en su valor y lo desarrolla, de manera natural aumenta la confianza de su hijo en usted. Esto establece las pautas para el respeto y la confianza, lo cual refuerza y modela un ejemplo sano del valor propio.

Claramente recuerdo el día en que mi madre fue entrevistada para la posición de directora de una escuela. Ella había sido educadora durante muchos años y subdirectora por cinco años. Yo tenía curiosidad por saber el proceso de su entrevista y cuál había sido su experiencia; por lo tanto, le pregunté sobre los tipos de preguntas que le hicieron durante la entrevista. Me quedé muy fascinada con la última pregunta del comité, y aún más impresionada por su respuesta.

«¿Por qué deberíamos contratarla para la posición de directora?», le preguntó el presidente del comité.

«Porque estoy capacitada para hacer el trabajo y sé que lo haré bien. Porque me preocupo por los niños, y creo que todos pueden aprender. Porque sé que mi tarea será asegurarme de que se les dé a cada uno la oportunidad de lograrlo», contestó mi madre con absoluta seguridad.

Ese momento en la vida de mi madre fue impactante para mí como hija. Me dio un vislumbre de su confianza en sí misma pues provenía de la mujer que yo más admiraba. Le pregunté por qué había respondido así y lo que me dijo aún me impresiona: «Cathy, si ellos van a confiar en mí, deben ver que yo confío en mí misma. ¿Por qué querrían contratar a alguien que no cree que puede hacer el trabajo?»

El comité debe de haberle creído porque la contrató, a ella y a otra persona, de entre doce candidatos muy capacitados. Mi madre no tenía ni jamás ha tenido ni un pelo de arrogante; por ella fluye una confianza tranquila y suave. También esta confianza en sí misma fluyó por ella como madre. El secreto del valor propio de mi madre consistía en que siguió el ejemplo de Dios. Creyó que Dios la amaba. Él era su confianza. Realmente confió en que Dios era lo que ella necesitaba, y confió en Él en cuanto a nosotros. Durante mi viaje con mi madre, yo asimilé de su confianza.

No se trataba de que ella fuese perfecta o de que siempre tuviera una respuesta. Durante mi infancia experimentamos muchas tragedias y pérdidas lo cual nos impactó enormemente. Sin embargo, no importaba cuán dolorosa e inesperada se volviera la vida, yo siempre sentía que todo estaría bien. Lo creía porque mi madre entendió la importancia de comunicar una actitud de esperanza y fe en Cristo, independientemente de las circunstancias. Sabía que nuestra visión del mundo dependía de lo que creía y de cómo interpretaba la vida. Se valoraba a sí misma; entendía cuán importante era ella para nuestro sentido de seguridad, y sabía que nuestra futura confianza dependía de la suya.

Ella conocía su propio valor y sabía que nosotros necesitábamos conocer el nuestro. Y que los dos estaban relacionados.

Si usted lucha con el problema de valoración en su vida, aquí es donde comienza su tarea más importante. Sus hijos dependen de que se dé prioridad a sí misma, y acepte el valor que Dios le ha asignado. *El valor propio se adquiere, no se enseña.* Sus hijos aprenderán a valorarse si ven que usted le da importancia al reconocimiento de su propio valor.

En contraste, si toma esta cuestión a la ligera, las consecuencias tanto para usted como para sus hijos serán costosas. Si mantiene su propósito así como su valor propio, la confianza de ellos en sí mismos será profunda y sostenible.

## Conozca sus problemas

Cuando una madre está decidida a criar hijos seguros y emocionalmente sanos, concentrará su atención en varios factores importantes. Se trata de problemas que pueden hacer que nos equivoquemos, y que por consiguiente se extiendan a las vidas de nuestros hijos, convirtiéndose en sus problemas también. Debemos reconocer primero las áreas que nos hacen cometer errores, y luego encontrar maneras de superarlas. Cuando nuestros hijos nos ven recobrar actitudes y reacciones sanas, esto también se extiende a sus vidas y les enseña a crecer de maneras más sanas.

## Desarrolle una confianza sana

*Criar hijos que están seguros de sí mismos comienza con una madre emocionalmente sana.*

Aquí tengo una pregunta para reflexionar: ¿Alguna vez se ha dado cuenta de que sus hijos están orgullosos de usted? ¿Saben ellos que usted está orgullosa de ser su madre? Recuerde que ser intencional significa estar claramente concentrada. ¿Cómo saben sus hijos que usted disfruta del privilegio de ser su mamá?

Los niños saben, en una variedad de niveles, si usted está contenta o no de tenerlos como hijos. Tal vez seamos capaces de engañar a mucha gente la mayor parte del tiempo, pero no podemos engañar a nuestros hijos por mucho tiempo. Ellos nacen con sensores, y cuando el corazón de una madre tiene luchas para que le «guste» su hijo o hija, él lo percibe en su interior. Y como los niños no poseen niveles más altos de pensamiento hasta que son mayores, en seguida sus pequeñas mentes suponen que algo anda mal con ellos. El resultado de esta manera de pensar no desarrollada será sentimientos de inseguridad.

Un día, en uno de nuestros grupos de madres, una mujer hablaba de la frustración que sentía con su hijo. Ella trabajaba en el mundo corporativo, en una compañía muy importante. «¡He tenido abogados y contadores respondiendo ante mí a lo largo de mi carrera», comentó ella, «¡pero no puedo lograr que mi hijo de dos años de edad escuche nada de lo que yo le digo!» Por su lenguaje corporal y su tono al hablar yo podía percibir un significado implícito: «A veces ni siquiera me gusta mi hijo. ¿Es esto normal?»

Su problema era una sensación de incompetencia, porque todos los trucos que tenía en su bolsa de pañales ya no funcionaban.

¡Bienvenida a la maternidad! Ella sólo estaba comenzando a aprender cómo es la confianza desde la perspectiva de una madre.

A veces, la maternidad intencional es más de lo que usted *siente*. Es un hilo invisible llamado *compromiso*. Es una determinación imperturbable de ser la clase adecuada de madre para su hijo, y esto es más importante que lo que usted sienta acerca de su hijo o hija en cualquier momento.

A veces, a cada madre le disgustan ciertos comportamientos o actitudes que sus hijos demuestran, pero eso es completamente diferente de que a ella no le gusten los hijos. Me he dado cuenta, en mi experiencia con madres, que esto tiene que ver más con la mamá que se siente inadecuada, que con el hijo.

En tales situaciones, ocurren dos cosas lamentables: En primer lugar, la madre juzga la valoración que el hijo hace de ella basándose en sus propios sentimientos de incompetencia. En segundo lugar, el niño interpreta la actitud de la madre como un rechazo; y es a ella a quien el niño desea complacer. Las madres intencionales reconocen que los hijos son respondedores, y no exigen la perfección. Podemos ver esto de dos maneras:

Primero, los niños que se sienten seguros, saben en sus mentes y también en sus corazones que sus madres los aman a pesar de la manera en que ellos se comporten. Esto no implica que las madres deberían mirar para otro lado cuando sus hijos desobedecen o se comportan mal. Lo que esto nos dice realmente es que los niños saben en sus corazones que el amor de su madre es más grande que los errores de ellos.

Segundo, la madre que se concentra en comunicar una sensación de gratitud y confianza en cuanto a ser la mamá de sus hijos, utiliza palabras que reconocen su agradecimiento. ¿Alguna vez le ha dicho usted a su hijo o hija: «Estoy tan contenta de que Dios me haya escogido para ser tu mamá»? Este comentario les envía una declaración impactante a ellos de que realmente son especiales. Aunque tal vez ninguno captará plenamente todo el sentido de la frase mientras son pequeños, esto tendrá un impacto en sus vidas que aumentará según avanzan en edad.

A través de los años era frecuente que les dijera a mis hijos que una de las formas en que yo sabía que Dios me amaba tanto, era que me permitió ser su madre. En el momento que estoy escribiendo esto, ellos tienen poco más de veinte años; y hasta este día no he dejado de hacerles saber lo agradecida que estoy por tenerlos en mi vida. La verdad es que realmente creo que les debo tanto a ellos porque han sido los principales catalizadores de las lecciones más significativas que he recibido.

Los hijos estarán orgullosos de que seamos sus madres hasta que les demos razones para no estarlo. Reconocer esto refuerza el vínculo mutuo. Su preciosa aceptación de nosotras es un regalo que deberíamos apreciar y recibir tan seriamente como si viniera del adulto más importante en nuestras vidas.

Recuerdo un día cuando yo era una niñita, mi mamá iba manejando para llevarme a la escuela. Mamá siempre se preocupaba por su aspecto, y durante ese día en particular le dije que se veía bonita. Cuarenta años después, recuerdo lo que me dijo como si hubiera sido ayer.

«¡Siempre quiero que estés orgullosa de mí, hija!»

La idea de que mi opinión era importante para ella se destacó en mi mente. El hecho de que le importaban mis sentimientos, me hizo sentir como si yo midiera tres metros. Hasta ese momento, nunca me había dado cuenta de que lo que yo pensara tenía tanto valor para mi madre. Desde entonces, la vi de una manera muy diferente. Aprendí una lección que ha permanecido conmigo para siempre porque ella tomó tiempo para decirme que mis pensamientos y sentimientos le eran importantes.

Ser intencional al comunicarles a sus hijos su valor y el de ellos le permite a usted colocar el fundamento sobre el cual se construyen la confianza, el carácter y la fe. ¿Por qué esto es tan importante? Cuando estamos seguras de nosotras mismas, en cuanto a nuestro papel como madres, eso les dice a gritos cuán importantes son ellos. Por consiguiente, la confianza, el carácter y la fe tienen la oportunidad de florecer.

## Modele la madurez emocional

*La crianza de hijos que están seguros de que Dios los creó para ser como Él quiere que sean, proviene de madres que primero son intencionales en cuanto a cultivar una identidad sana de sí mismas.*

Como es la madre, así son los hijos. ¡Esto duele, señoras!

Una cosa es que les digamos a nuestros hijos que Dios los creó a la imagen maravillosa y asombrosa de Él y otra muy distinta es que nos oigan criticarnos a nosotras mismas, quejarnos de nuestro aspecto y referirnos a nosotras de una manera despectiva. Si son testigos de esto, no creerán lo que decimos de Dios. Pondrán en práctica nuestras acciones en vez de nuestros deseos y palabras.

Una noche cené en un restaurante japonés, y me sentaron a una mesa hibachi con una familia que yo no conocía. Mientras comíamos, comenzamos a conversar cortésmente. Cuando supieron que yo era psicoterapeuta, la mujer empezó a compartir algunas preocupaciones que tenía sobre su sobrina de cinco años.

«El otro día llevé a mi hija y a mi sobrina a comer helado. Mi sobrina me dijo que ella no podía comer ninguno, y cuando le pregunté por qué, me dijo que el helado tenía demasiados gramos de grasa y eso haría que sus muslos engordaran. ¿Debería yo estar preocupada?», me preguntó la tía.

Le dije: «Creo que usted necesita animar a su hermana a buscar ayuda cuanto antes». Le expliqué que si la madre de esa niña no tomaba control de sus propios problemas, las probabilidades de que la niña tuviera un trastorno alimenticio eran altas. Continué explicándole lo peligroso que es para una niña de cinco años que se preocupe por su aspecto, en vez de ocuparse en los intereses sanos relacionados con su edad. Aquella madre y su hija necesitaban ayuda tan pronto como fuera posible.

Esta experiencia me hizo recordar otra vez la verdad de que nuestras acciones son más poderosas que nuestras palabras. Esta niña obviamente había visto y había oído la obsesión de su madre con su propia talla y peso. Sin tener en cuenta lo que la madre pueda haber dicho, ya se había infiltrado en la definición que la niña había hecho de sí misma.

¿Puede decir usted: «Llamada de aviso»?

Como madres debemos estar dispuestas a considerar seriamente esta área de nuestras vidas a fin de vivir como un ejemplo para nuestros hijos. Independientemente de las inseguridades que existan en nuestros corazones, no tenemos que ocultarlas; debemos exponerlas para que Dios las sane. Si lo mismo le sucediera a un hijo, ¿no le animaría la madre a enfrentarse al problema de autoimagen que tiene, para que él o ella no arrastren esa gran carga durante toda su vida?

¡Por supuesto!

Seamos sinceras. No queremos que nuestros hijos se agobien con problemas, vergüenza e incapacidades. Pero si ellos se enfrentan a tales situaciones, estos problemas podrían proceder de nosotras. Primero debemos estar dispuestas a examinarnos. No podemos esperar algo de nuestros hijos que nosotras mismas no haremos.

Una de las bendiciones de ser madre es que Dios usa a los hijos para hacernos crecer. A veces podemos sentirnos como si sólo estuviéramos a una distancia muy pequeña delante de ellos, pero eso está bien. Todo se reduce a una pregunta simple: ¿Voy a vivir como un ejemplo de lo que

Dios desea, o simplemente voy a decirles que hagan lo que les digo, no lo que yo hago?

## Abrace la madurez espiritual

*Las madres intencionales saben que los hijos emocionalmente seguros de sí mismos, no nacen; sino que se desarrollan.* Reconocen que un niño que internamente está seguro de sí mismo y es pacífico, proviene de una madre que se ve a sí misma desde la perspectiva de Dios. Una mujer necesita definirse en una manera más agradable de en la que el mundo la define, o su familia original la ha definido. Las mamás intencionales ponen sus ojos en lo que es verdadero y enseñan esa verdad a lo largo de las vidas de sus hijos.

Durante varios años, Neil y yo experimentamos la infertilidad. Durante muchos días oscuros en nuestro hogar, afrontamos un futuro sin la posibilidad de hijos. Después de tiempo y oración, creímos que Dios quería que adoptáramos un niño. Fuimos a ver a un abogado, y a los tres meses teníamos un precioso muchachito.

Ansiosamente esperamos su llegada. Felizmente para nosotros, mi médico personal nos lo entregó. Una hora después de que los padres biológicos firmaron todos los documentos, mi doctor nos trajo a nuestro hijo. Cuando lo tomamos en brazos, nos quedamos asombrados de que nos habían dado aquel precioso regalo.

Mientras estaba sentada en la habitación del hospital, sosteniendo a Taylor, comencé a decirle a aquel muchachito diminuto quién llegaría a ser:

Le dije que crecería para ser un hombre amable y tierno que amaría a Dios.

Le dije que tendría un maravilloso sentido del humor y amaría profundamente a su familia.

Le aseguré que sería sabio, amistoso, cariñoso y paciente.

Le dije que yo creía que con la ayuda de Dios, él podría hacer cualquier cosa que quisiera.

Sus ojitos me miraron fijamente, como si estuvieran absorbiendo cada palabra que yo le decía. A través de los años, le repetí aquella bendición a Taylor, aunque él no tenía la menor idea del significado de todo lo que le decía. Por la razón que sea, la cual creo que vino de Dios, pensé que era importante que mi hijo supiera inmediatamente quién era él y hacia dónde iba. Estoy contenta de decir que hoy veo muchas de aquellas características en él, aunque algunas aún se están desarrollando. Creo que Dios comenzó el proceso el primer día que lo tuvimos en nuestros brazos.

Tal vez usted no creció oyendo a sus padres declarar su valor de una manera cariñosa y positiva. Como muchos adultos que crecieron en familias no verbales o disfuncionales, tal vez sufrió alguna herida en su auto estima al crecer con dudas e inseguridades. Las buenas noticias son que no tiene que aferrarse a esa definición sino que tiene la oportunidad de soltarse del pasado y comenzar a abrazar una nueva definición de usted desde la perspectiva de Dios. La opinión de Él dura por toda la eternidad, mientras que la opinión del ser humano dura sólo mientras que se le da el poder para definirla.

Cuando las madres entienden cuán importantes son para sus hijos, les dan una ventaja a ellos en el camino de sentirse seguros. Cuando las mamás también poseen una confianza sana en sí mismas, ellas aumentan enormemente las posibilidades de que sus hijos se sientan bien consigo mismos. Todavía más asombrosas son las siguientes observaciones que he recopilado durante años como psicoterapeuta: En el momento que una madre les da a sus hijos algo que ella misma no recibió cuando era niña, Dios sana su corazón en el proceso. Como la relación entre una mamá y su hijo o hija es la más fuerte que los seres humanos conocen, interiorizará esa experiencia como si le estuviera sucediendo a ella. Cuando esa madre rompe los patrones de su pasado, redime las experiencias malas de su propia vida.

## Sepa lo que usted quiere

Tal vez parezca obvio que las mamás sepan lo que quieren para sus hijos, pero la experiencia me ha enseñado que ésa es una suposición errónea. Hasta que se les pregunta, la mayoría de las mamás no han pensado detenidamente en el panorama completo de la clase de hijos que quieren tener.

Esta cuestión tal vez parece obvia, pero vamos a examinarla.

¿Cómo quiere usted que sus hijos sean cuando hayan crecido? No quiero decir físicamente, sino emocional, espiritual y mentalmente. Tome unos momentos, y apunte cinco o seis características que desea ver manifestadas en ellos cuando sean adultos. Puede ser general o específica en cuanto a sus deseos.

Ahora mire su lista. ¿Incluyó *honesto* en ella? ¿Y *compasivo*? ¿Mencionó que quisiera que fuera *bueno para tomar*

51

*decisiones*? Usted podría hacer una lista de cien o más características que quisiera que sus hijos posean. Todos probablemente serían atributos dignos en el desarrollo de una persona emocionalmente sana. Pero tengo algunas preguntas que quisiera que considerara:

- ¿Cómo cree que sus hijos desarrollarán estas virtudes que usted aprecia?
- ¿Cómo les enseñará o inculcará sus creencias y valores importantes a sus hijos?
- ¿Cuándo comenzará el proceso de inculcar estas creencia y valores?

Su propósito será realizado cuando pueda contestar estas preguntas con confianza y dirección.

*Las madres intencionales saben quiénes ellas quieren que sus hijos sean como personas, y por lo tanto emprenden el camino para lograr que eso suceda.*

En su viaje, no lo dé por hecho o suponga que tendrá tiempo de sobra para abordarlo más tarde. Reconozca que inculcar las cosas que realmente importan tomará todo el tiempo de la infancia y la adolescencia.

Este proceso se llama crianza de los hijos. Más específicamente: *maternidad*.

Ser intencional, como madre, implica un llamado constante a la acción. No es suficiente desear que sus hijos tengan virtudes y valores agradables a Dios; tiene que estar dispuesta a modelarles, enseñarles, guiarles y criarles en las experiencias diarias, llamadas «vida». Se le exigirá pensar en diferentes niveles, y crear en el hogar una atmósfera propicia para que sus hijos se desarrollen sanos desde adentro hacia afuera.

Cuando nuestros hijos eran pequeños, Neil y yo éramos muy conscientes de varias actitudes que *no* queríamos que se manifestaran en ellos. Una de esas actitudes era un sentido de tener derecho a algo. No queríamos que crecieran creyendo que el mundo estaba en deuda con ellos. Tampoco queríamos que Tiffany y Taylor pensaran que eran superiores a los demás. Queríamos que tuvieran corazones de servidores y una ética del trabajo duro. Queríamos que los dos tuvieran un espíritu agradecido, humilde y generoso. Sabíamos que para que ellos captaran estos valores, todos bíblicos en cuanto a su fundamento, necesitábamos ver estas características como un hilo para ser entretejido con las cosas que hacíamos, vivíamos y enseñábamos cada día.

A través de los años, estos valores tomaron muchas formas y rostros diferentes. Les llevamos a hogares de ancianos para ver a gente de edad avanzada que a menudo estaba sola. Participaban en cenas de vacaciones, sirviendo comida a los indigentes; así como en fiestas de Navidad para niños sin hogar. También participaban en el ministerio a los sordos, y aprendieron el lenguaje por señas. Desde los primeros años de la infancia hasta su último año de escuela secundaria, invertir en otras personas fue un estilo de vida.

También entretejimos la satisfacción demorada en sus vidas. Creíamos que era importante enseñarles a esperar cortésmente. Dios no siempre contesta cada petición inmediatamente, y tampoco lo hicimos nosotros.

¿Puedo decirle lo agradecida que estoy porque pensamos en esto detenidamente?

Me gustaría poder decirle que Neil y yo pensamos detenidamente en cada valor que abrazamos, pero no lo hicimos. Sin embargo, aquellos con los que fuimos intencionales, han dado resultado en las vidas de nuestros hijos.

Ser intencional en cuanto a la vida de su hijo significa que usted debe desarrollar una sola definición de *sano* y *exitoso*. Pedirle a Dios que Él le dé esa definición es como ir de viaje por un camino e imaginarse su destino final. Usted comienza a pintar una imagen en su mente y su corazón sobre en qué pensaba Dios cuando creó a sus hijos. A medida que esos preciosos regalos se van desarrollando delante de usted, Dios seguirá dirigiendo su camino y su visión en cuanto a quiénes son sus hijos. Su confianza en esa visión será contagiosa para ellos, quienes se aferrarán a su definición del éxito hasta que posean su propia confianza. Lo más importante es que Dios será intencional con usted, según usted desarrolla su propósito intencional como madre. Aunque encontrará aventura y sorpresas a lo largo del camino, también llegará al destino nacido en su corazón. A fin de cuentas, cuando su corazón está de acuerdo con Dios, puede manejar cualquier cosa que usted y su niño o adolescente pudieran encontrar a lo largo de su viaje.

## Puntos de fe

Dios nos salvó y nos llamó a una vida santa, no por nuestras propias obras, sino por su propia determinación y gracia. Nos concedió este favor en Cristo Jesús antes del comienzo del tiempo.

2 Timoteo 1.9

Cuando seguimos a Cristo, su propósito se convierte en nuestro propósito. En este versículo Él dice que no será el resultado de nuestra labor, sino de su obra a través de nosotras. Para que las madres criemos hijos sanos, debemos permanecer concentradas en el propósito de Dios para nosotras: ser *intencionales* en cuanto a amar a nuestros hijos de la manera que Cristo nos ama.

1. ¿Ha pensado alguna vez si está cuidando a sus hijos *intencionalmente*? De ser así, ¿cómo? Si no lo es, ¿por qué no?

2. ¿Cuál es su propósito como madre? Anote los resultados que se imagina para sus hijos cuando ellos se hagan adultos. Incluso si ya son mayores y se han ido del hogar, todavía usted es la mamá, y aún tiene un papel importante en sus vidas.

3. ¿Piensa que este propósito cambiará o debe cambiar a medida que sus hijos crecen?

4. ¿En cuál asunto de la maternidad necesita ocuparse más: en la confianza sana, en la madurez emocional,

o en la madurez espiritual; y cómo puede progresar en esa área?

5. ¿Qué es lo que este capítulo le ha ayudado a comprender mejor, y cómo puede ponerlo en práctica hoy?

## Mamás intencionales en acción

1. ¿Qué es lo más importante que puede cambiar esta semana, que les haría saber a sus hijos que usted se preocupa por sí misma?

2. Haga una lista de asuntos no negociables que quiere que su hijo manifieste cuando sea adulto. Coloque esta lista en un lugar prominente, donde le recuerden cada día las metas que usted debe esforzarse por alcanzar.

**2**

# Por qué los hijos buenos no se sienten bien

Principio 2: Sea intencional en cuanto a conocer y apoyar a su hijo

Carly era una niñita preciosa. Tenía un espíritu apacible, un corazón amoroso y ojos brillantes. Poseía una inocencia agradable, aunque un poco inconstante. Mi familia la amó desde el momento que la conocimos.

Carly tenía una sonrisa asombrosa, y le gustaba que la amaran. Era afectuosa y cortés; y siempre estaba dispuesta a ayudar, queriendo complacer a los demás. A pesar de eso, cuando nuestra familia la conoció ella tenía diez años, parecía volverse un poco invisible cuando estaba con otras personas, como si no quisiera que la vieran. Tenía un problema para mirarle a uno a los ojos; y, sin embargo, se percibía que deseaba relacionarse con usted. Vimos su naturaleza agradable y extraordinaria; y la aceptamos como era. Cuanto más nos conoció, más respondió. Con nuestra familia, no era vacilante. Su personalidad natural se manifestaba cuando se sentía aceptada, aunque aún se la veía retraída.

El desafío para Carly era Charlotte, su mamá. Una mujer agradable y maravillosa, pero simplemente no entendía a su hija. No la «conocía». Siempre estaba intentando asignarle una clasificación en particular, según sus propias expectativas y suposiciones pero Carly no encajaba en ella. Durante su infancia y adolescencia su madre estaba convencida que su hija era una persona difícil. No se daba cuenta de que el problema no era su hija; sino que era ella, que no entendía a su hija.

Como consecuencia de ese malentendido, los primeros años de la edad adulta de Carly han sido un camino difícil. Todavía es la muchacha preciosa que siempre fue pero ha tomado decisiones que la han lastimado profundamente a ella y a los que la rodean. Y todo sucedió porque su madre nunca llegó a conocer a su hija.

Carly era una «hija buena» a la que no le permitieron ser la persona que Dios quería que fuera cuando la creó.

¿Con qué frecuencia ha oído a alguien decir: «Él es un hijo tan bueno», o «Esa familia es bendecida por tener hijos tan buenos»? Pero exactamente, ¿qué es un «hijo bueno»? ¿Cómo define usted a un «hijo bueno»? ¿Cómo se da cuenta cuando lo ve? Y, lo más importante: ¿Cómo anima usted al suyo para que *sea* un «hijo bueno»?

Aunque la mayoría de las mamás piensan que sus hijos pertenecen a esa categoría, es posible que les resulte difícil definir a un «hijo bueno». De hecho, a muchas madres les resulta más fácil decirle a usted lo opuesto: lo que «no hacen» los hijos buenos, o cómo son los hijos malos. Podrían decir: «Bueno, los hijos buenos no . . .». Definir a los hijos con comportamientos negativos dice mucho sobre lo que la mayoría de nosotras notamos.

En otras palabras, a menudo los hijos buenos pasan desapercibidos y poco apreciados. Las mamás que tienen esos hijos están agradecidas por su forma de comportarse; sin embargo, comunican su disgusto cuando el statu quo es interrumpido. Los hijos buenos tienden a cumplir con las reglas, a tener un espíritu cooperativo, y son el orgullo de sus padres.

Lamentablemente, a menudo los hijos buenos no se sienten «bien». No estoy hablando de su estado físico, sino de su salud emocional y espiritual. Parecen no tener la confianza que uno esperaría de un hijo bueno. Por el contrario, tienen dudas y se sienten inadecuados. Podrían actuar de una manera agradable, pero en el interior se preguntan si ellos están bien. Saben que mamá y papá están contentos cuando son cooperativos, pero a menudo sus padres no les comunican un sentido de gran valor o amor incondicional. Si como mamá, usted compara la docilidad de su hijo con la confianza de él en sí mismo, quedará tristemente decepcionada. Pero hay algo que es aún peor, usted perderá tiempo valioso ayudando a su hijo a desarrollar un sentido sano de valor propio y valoración. ¿Por qué?

Porque usted no está inculcando valor y valoración; en vez de hacer eso, supone que ya esos valores están presentes en la vida de su hijo o hija..

A veces, las madres suponemos que la conformidad de nuestros hijos significa que tienen un valor propio positivo. No nos hacen preguntas, nos obedecen; no nos causan problemas. Sin duda que se sienten bien con ellos mismos, ¿verdad?

No necesariamente.

Porque podrían reaccionar así por ansiedad, por miedo al rechazo, o por necesidad.

Mientras más tiempo se pase viviendo con esta suposición falsa, más experimentarán sus hijos una mayor sensación de vacío en cuanto a la importancia de ellos mismos. Si usted no se diera cuenta a tiempo, sería necesaria una crisis para descubrir que su hijo o hija no están bien y que luchan con su auto estima.

Así que, ¿cuál es el problema? ¿Qué es lo que anda mal? ¿Cómo es que los hijos buenos no logran tener una sensación de auto valoración pese a que «hacen todo lo que es correcto»?

Es fácil. Esto sucede cuando las madres tienen la definición equivocada de «bueno», y no conocen a sus hijos. Para serle sincera, ésta no fue la intención de Dios. Él tenía un plan diferente. Él creó a las madres para ser expertas en cuanto a sus hijos.

Usted. No otros profesionales. No otros miembros de la familia. ¡Usted! ¡Usted es *la* experta! Nadie conoce a un hijo como su madre.

Ahora bien, reconozco que usted puede sentirse inadecuada, abrumada y mal preparada. Sin embargo, ponga a un lado sus sentimientos y mire los hechos. Nadie conoce a su hijo o hija mejor que usted: Sabe cuándo algo anda mal.

Sabe cuándo sólo necesitan un abrazo. Sabe cuándo ellos la necesitan para que sea su abogado.

Dios la creó a usted para ser con quien su hijo entró en el mundo. Los hijos vienen del útero de una mujer, ya sea adoptado o nacido de ella. Fuimos diseñadas para llevarlos en nuestro vientre, criarlos, alimentarlos y relacionarnos con ellos. Se nos dio la responsabilidad de su cuidado y seguridad. Fuimos predispuestas a «conocerlos».

## «Conozca» a sus hijos

Sé que puede parecer raro decir que las mamás necesitan conocer a sus hijos. Es probable que usted piense que estoy afirmando algo que es obvio porque, por supuesto, todas las madres conocen a sus hijos. Pero no quiero decir «conocer» en el contexto de *identificación* sino de *entenderlos*.

Conocer a los hijos es más que simplemente vivir en la misma casa con ellos. Es más que la rutina de hacer todas las cosas que las madres hacen. Conocer requiere que seamos intencionales en cuanto a entender a nuestros hijos, incluyendo sus personalidades individuales y su carácter.

Cuando conocemos a nuestros hijos, identificamos sus vulnerabilidades y debilidades. Nos damos la oportunidad de ver lo que realmente sucede, no simplemente lo que queremos ver. Podemos prever sus reacciones al estrés, la desilusión y el dolor. Reconocemos si son tímidos o extrovertidos; y no los obligamos a convertirse en algo que Dios no les predispuso a ser.

Cuando una madre no conoce a su hijo de la manera que él necesita que se lo conozca, los dos sufren. Déjeme que le explique:

Conocí a una familia cuya hija nació más o menos por el mismo tiempo en que nació Tiffany. Esta niña era agradable, y su madre la criaba con cariño, pero era muy estricta. Tenía otros cuatro hijos que se comportaban bien y eran obedientes; así que confiaba en que su estilo de criar a los hijos era el apropiado. El único problema era que su hija más joven no prestaba atención a lo que debía hacer, o no lo hacía.

Una y otra vez, esta madre aplicaba la disciplina; sin embargo, su hija parecía ignorarla. Siempre se metía en líos y con frecuencia terminaba castigada en una esquina, o recibía nalgadas. Su madre estaba perpleja, frustrada y preocupada.

Cuando estaba a punto de perder la cabeza, comenzó a buscar consejos de amigos y profesionales. Así, descubrió que cuando la niña tenía tres años, desarrolló un problema auditivo, y para poder funcionar normalmente necesitaba audífonos.

Aunque esta madre se sintió aliviada porque finalmente sabía lo que andaba mal con su hija, experimentó tremendos sentimientos de culpa al pensar en todas las veces que la había castigado por cosas que la niña no entendía. Luchó por mucho tiempo, antes de que pudiera perdonarse a sí misma.

¿Hubo pistas de que esta niña era sorda antes de tener tres años de edad? Probablemente. Sin embargo, esta madre es un ejemplo típico de la mamá bienintencionada que cría a otros tres hijos, estando muy involucrada en su familia y en otras actividades. Su problema era que no podía salir de su marco de referencia para considerar otras posibilidades. Se atascó viendo a su hija desde una perspectiva específica y preconcebida de conducta, y eso le impidió ver las pistas que estaban presentes.

## Estudie a sus hijos

Para que usted y yo entendamos totalmente la profundidad de la personalidad, el espíritu y la predisposición única de nuestros hijos, necesitamos hacernos estudiantes de ellos: Considerarlos como si fueran libros que se deben leer, estudiar e investigar. Verlos con asombro y anticipación de lo que descubriremos. Salirnos de nuestra caja; y ver la realidad, no lo que queremos ver.

Cuando una madre aprende de sus hijos, tiene mayor confianza al conocer las necesidades de ellos, saber la manera en que procesan la información y aprenden, y ver sus vulnerabilidades. Aprende a entender la manera en que ellos expresan y reciben el amor; aprende a entender sus peculiaridades y temores. No permite que las tendencias de ella se interpongan en el camino, y permanece dispuesta a instruirse en cuanto a su propia actitud. Una mamá «estudiante» reconoce que cada hijo nace con diferencias individuales, y algunos con problemas más difíciles que otros.

Hay niños que vienen al mundo muy definidos. Al principio tienen una voluntad firme, y desde temprano intentan mandar en casa. A menudo son los más habladores, exigentes y decididos. Constantemente nos desafían (así como a cualquier otro adulto responsable) y nos empujan rápidamente hasta nuestro límite.

Otros niños son difíciles porque tienen problemas que no son fáciles de resolver, si es que alguna vez llegarán a resolverse. Los niños con problemas de aprendizaje, trastornos emocionales y defectos de nacimiento causan un nuevo nivel de estrés al corazón de una madre. Estos desafíos traen oportunidades de aprendizaje adicionales que nunca esperábamos.

¿Puede ver cómo convertirse en una «estudiante» de sus hijos es necesario en tales situaciones?

*Una madre intencional no lucha contra las diferencias o dificultades.* Reconoce que Dios tuvo algo en mente cuando le dio cada uno de sus hijos. Confía en que Dios quiere mostrarle algo por medio de su relación con su hijo «desafiante», que ella no habría aprendido en ninguna otra capacidad. Y aprende a aplicar su conocimiento a cada hijo, incluso a aquellos que parecen ser más fáciles que los demás.

Las madres intencionales también reconocen que aunque un niño «fácil», tal vez exige menos energía emocional, los niños fáciles tienen su propio conjunto de necesidades que merecen atención prioritaria. El hecho de que no se haga así, puede ser causa de niños y adolescentes dependientes e inseguros.

No podemos dejar de valorar a los niños fáciles como es debido, subestimándolos o ignorándolos; porque no son menos profundos en potencial, posibilidades, o capacidad intelectual.

Conocí a una familia con cuatro hijos, en la que uno era más dócil que los otros tres. Este niño rápidamente aprendió que era mejor permanecer fuera de la pantalla del radar de su madre, porque siempre le pasaban cosas malas que eran el centro de su atención.

Este muchacho creció siendo pasivo; había evitado sobre todo la disfunción de la familia, porque aprendió a hacerse invisible, siendo fácil y sumiso. Aunque este método de adaptarse era extraordinario para un niño, aún se produjo un daño que lo siguió hasta su entrada a la edad adulta. Felizmente para él, cuando se hizo hombre, encontró una esposa que lo apreció y lo desafió a encontrar su voz y ser emocionalmente visible. Ella le dio la bienvenida a todas las dimensiones de quien él era. Si ése no hubiera sido el caso, aquel niño «fácil» podría haber pagado un alto precio como adulto, porque su gentileza no fue apreciada, respetada, o desarrollada a una temprana edad.

Independientemente de la clase de hijo o hija que usted tenga: fácil, desafiante o difícil; su tarea como mamá es conocer individualmente a cada uno de los hijos que cría, estudiándolos.

Tener el modo de pensar de un estudiante permite que usted saque el mayor provecho de cada una de las experiencias que tenga como madre. Esto abre su corazón, mente y espíritu para ver cosas que de otra manera no podría verlas. El marco de referencia de «estudiar» y «conocer» a su hijo, provee áreas y niveles múltiples para filtrar la vida de su hijo.

Aprender a ser una estudiante; la mantiene concentrada en su *hijo* o *hija*, y no en usted misma.

¿Entendió la última línea?

Permita que las dificultades de la maternidad se conviertan en un camino para conocer mejor a su hijo; y en el proceso usted aprenderá mucho de sí misma. Pero la atención debe permanecer concentrada en él, porque si los desafíos que su hijo experimenta se vuelven más acerca de usted que de su hijo, él saldrá perdiendo.

Recuerde, ésta es la paradoja de la maternidad: centrarse en sus hijos le enseñará acerca de usted misma. Conocerse y valorarse, la capacitarán para conocer y desarrollar a cada uno de ellos intencionalmente.

¿No es eso profundo? ¿Y no es eso simplemente como Dios? Cuando invertimos en nuestros hijos con nuestras mentes dispuestas a aprender, nos volvemos más sabias en cada nivel. Cuando salimos de la caja de limitaciones para ver las posibilidades; ellos adquieren mayor confianza. Cuando somos madres intencionales, se desarrollan entre nuestros hijos y nosotras niveles más profundos de confianza, respeto, y amor.

## Papel de lija y rompecabezas

Tal vez en este momento usted se siente como si estuviera a más de mil kilómetros de distancia de encajar en la definición de una madre intencional. Quizá piense que sus hijos sacan a la superficie lo peor que hay en usted. Pudiera ser que se siente la mujer más inadecuada en cuanto a las relaciones que más quiere. De ser así, va en la dirección correcta. De hecho, nunca ha estado más cerca de donde necesita estar. Éste es el secreto: *los niños son el papel de lija que Dios usa para limar nuestras asperezas.*

A menudo pensamos que Dios nos da hijos para que podamos impactar al mundo a través de ellos. Nuestro sueño es enseñarlos y guiarlos, y así marcar una diferencia con nuestra sabiduría, experiencia y amor. Hay un elemento de verdad en esa idea. Pero he aquí otra idea: tal vez Dios le dio hijos a usted para enseñarle a depender de Él.

¿Está Dios tratando de enseñarle a usted algunas de estas cualidades por medio de la crianza de sus hijos? ¿Qué en cuanto a la humildad? ¿O la perseverancia? El área de la maternidad expone las oportunidades de reconocer y desarrollar estas características. Por lo general no nacemos con estas virtudes; en cambio se desarrollan por medio de las experiencias de la vida. ¿Y quiénes son nuestros maestros? Nuestros hijos.

Hace poco me reuní con una joven de diecisiete años y con su madre, porque la hija había comenzado a mentirles a sus padres acerca de muchas cosas. Ese comportamiento se había empezado a manifestar en los últimos meses.

Cuando exploré la historia de esta joven, su mamá reveló que ella había sido dócil, dulce, tranquila y obediente la mayor parte de su vida. Sin embargo, una diminuta bandera roja saltaba a la vista: era astuta. Como jovencita, hacía cosas «pequeñas», como robar galletas y escabullirse de su cuarto a la hora de la siesta para ir a ver la televisión. Aunque entonces eso no era un problema mayor, estos y otros incidentes menores pueden haber sido precursores de su actual comportamiento.

No era una niña «difícil».

Así que, vayamos a una importante verdad: los *hijos son un rompecabezas*. En cualquier momento nos pueden presentar una oportunidad para que crezcamos. En el momento menos pensado pueden dar una vuelta en U o llevarnos en un paseo salvaje, e inmediatamente sorprendernos porque no pudimos encajar las piezas.

Nuestros niños son complejos. Los subestimamos cuando son pequeños y parecen menos complicados y dimensionales. La subestimación de un hijo o hija crea un vacío en su corazón, una sensación de que nunca estará a la altura de lo que se espera de él o ella; eso les produce una herida emocional que jamás se sana. El resultado perjudicial es que nunca creerán realmente en sí mismos.

Y de repente, nuestros hijos crecen, y nos sorprendemos cuando se vuelven testarudos, difíciles e imprevisibles. Sin embargo, todas estas características están dentro de la definición del desarrollo normal. Los niños que finalmente se hacen adolescentes se pasan la vida desarrollándose, aunque algunas etapas lo revelan más que otras. Nuestros hijos no planean ser complicados, pero realmente dependen de las personas que tienen más cerca para interpretar los pequeños cambios que se producen en ellos.

Las madres intencionales saben que uno de los principales papeles que ellas desempeñan es ayudar a sus hijos a conocer su identidad y proveerles de un camino en el cual se desarrollen. Para hacer esto bien, debemos observarlos constantemente, clarificar lo que vemos, y comunicarles este conocimiento para ayudarles a entenderse mejor. Nosotras somos quienes conectamos los puntos entre las piezas del corazón, el alma, la mente y el cuerpo de nuestros hijos.

Conecte los puntos. Parece tan simple; pero no lo es en absoluto.

Conectar las piezas de sus hijos les ayuda a descubrir quiénes son ellos, qué necesitan, cómo piensan, y hacia dónde van. Esto tomará tiempo, intuición, paciencia y perseverancia. Este papel dura toda su vida; aunque, cómo usted conecta las piezas, cambia a medida que los hijos pasan a través de la adolescencia y entran en la edad adulta.

A través de los años, he descubierto que cualquier madre con más de un hijo, tiene uno al que parece comprender con más facilidad que a los demás. No ama al niño que es fácil de comprender, más que a otro; sin embargo, el niño que no «comprende» tan fácilmente, la obliga a desarrollarse de maneras que ella nunca planeó o esperó.

Con su hijo más difícil, reconoce que no vivirá en su zona de comodidad; y comprender esto, ya la convierte en una mejor madre. Al admitir que las cosas no serán como de costumbre, una mamá mejora enormemente su capacidad para percibir las señales de individualidad de su hijo. Aunque esto puede ser estresante desde una perspectiva, es emocionante y bien recibido desde otra.

Aunque nuestros hijos «desafiantes» son obviamente rompecabezas, quizás el mayor peligro es suponer que el hijo «fácil», o más predecible, le ha dejado conocer todos los secretos de su mente y corazón. Ésta no es una creencia segura; su aceptación la atormentará luego, durante una edad más vulnerable en la vida de su hijo. El desafío en cuanto a esto es: no confiarnos en criar hijos fáciles. Debemos reconocer que pueden sorprendernos, y simplemente es importante que los conozcamos bien.

No importa si su niño es fácil o difícil, usted necesita ver los desafíos y ventajas en ambos. Como muchas madres, yo tenía uno de cada uno. Mi hijo necesitaba mucha atención, aunque él no tenía ni idea de cuán agotador podía ser. Mi hija era tan dócil que podía volverse invisible en una casa con un hermano tan desafiante. Amo a los dos más que a mi vida; sin embargo, claramente ellos necesitaban cosas diferentes de mí como mamá.

En los primeros años de la crianza de Taylor, fue obvio que Dios me dio el privilegio de criar a un muchachito que no seguiría los dictados de cualquier persona.

Le voy a dar una pequeña muestra de lo que digo: Cuando Taylor tenía cinco años, y estaba en el kindergarten, su escuela decidió permitirles a los niños que llevaran puestos disfraces durante su celebración del festival de la cosecha. La única condición era que tenían que ser personajes históricos. No consideré mucho el desafío, porque yo podía pensar en bastantes personajes maravillosos de la historia estadounidense que podrían fascinar a Taylor.

«Taylor, ¿decidiste quién vas a ser en el festival de la cosecha?», le pregunté.

«Mamá, quiero ser Leonardo da Vinci. Él fue un maravilloso pintor de Europa, y me gusta como son sus pinturas», dijo Taylor.

De más está decir que aquella decisión sorprendente debería haber sido una señal de que Taylor no iba a seguir los mismos dictados que otros niños seguían.

Pero esto es exactamente lo que era asombroso acerca de él. Taylor siempre pensaba en un nivel diferente, y hacía muchas preguntas. Nunca se apresuraba.

Aunque muy inteligente, cuando era niño luchaba con el sentido común.

Para apreciar la manera extraordinaria en que Dios lo predispuso, alguien tenía que tomar tiempo para conocerlo realmente. Una vez que las personas lo hacían así, él les caía bien, y apreciaban la profundidad de su corazón y de su alma. Se convirtió en un joven sensible, cariñoso y amable. Y todavía lo es.

Aunque obviamente yo necesitaba mantenerme al tanto de todo en cuanto a mi labor como madre de Taylor, las necesidades de Tiffany eran menos perceptibles. Lo bueno es que Dios tenía un plan para darme señales en cuanto a mis hijos. Para mí, fue la educación escolar en casa.

Comencé a educar a mis dos hijos en casa cuando estaban en el tercer grado, y continué haciéndolo durante el cuarto y quinto grado. Yo había equilibrado mi carrera con sus necesidades educativas durante la mayor parte de esos años. Teníamos un gran sistema de apoyo, y muchas personas maravillosas involucradas en sus vidas; pero lo que más necesitaban era a mí, sobre todo Tiffany. Durante el último año de educación escolar de Tiffany y durante el primer año de escuela media de Taylor en casa, me quedé a tiempo completo..

¿Puedo decirle lo agradecida que estoy?

Lo que aprendí acerca de Tiffany durante aquel año en casa puso un fundamento para los años venideros. Fue un año de restauración emocional para ella, porque estuvimos juntas todo el tiempo. Viajó conmigo a mis compromisos para dar conferencias, y yo desarrollé experiencias de aprendizaje de todo lo que hicimos. Tiffany tuvo la oportunidad de absorberme, y también conectarse conmigo en un nivel profundo, lo que aumentó su confianza en sí misma y su disposición a probar cosas nuevas. Esto permitió que yo aprendiera su profundidad, experimentara la amplitud de su inteligencia, y apreciara su asombroso corazón. Todas las cosas que yo había observado en algún nivel, pero no al grado en que necesitaba conocerlas.

Cuando me convertí en una estudiante de mi hija, aprendí que mucha sanidad ocurrió cuando nos tocábamos. Yo había tenido vislumbres de esto cuando comenzamos la educación escolar en casa, porque Tiffany venía para que nos diéramos un abrazo entre cada tema que estudiábamos. Mi hija era siempre afectuosa, pero la dinámica de ese toque físico me enseñó una lección crítica. Cuando comencé a darme cuenta de lo importante que ese toque era para ella, decidí crear una manera para conocer las áreas más profundas de su corazón.

Siempre que Tiffany me abrazaba, dependía de ella que nos soltásemos. Sin tener en cuenta el tiempo que durara un abrazo, yo la abrazaba hasta que ella se soltaba. A veces nuestros abrazos duraban mucho tiempo. A menudo yo no tenía ni idea de lo que ella sentía que justificara una unión tan prolongada.

Un abrazo, que en particular se destacó en mi corazón; duró más de quince minutos, de pie en la cocina de nuestra casa. No nos dijimos ni una palabra. Sólo se trataba de una niña bebiendo de la fuente emocional del corazón de su madre, cuando más lo necesitaba.

Tiffany también aprendió que yo no necesitaba que ella justificara ninguno de los abrazos. Simplemente los acepté con un entendimiento silencioso entre nosotras. Hasta este día, nuestra regla de «abrazos» aún se aplica.

Este intercambio físico logró varias cosas. Primero, mi hija supo que yo comprendía que ella tenía necesidades a las cuales las palabras no podrían ser de ayuda. Segundo, le enseñó su responsabilidad de conseguir que sus necesidades fueran suplidas. Tercero, le comunicó que yo la comprendía en un nivel profundo. Cuarto, le demostró que yo nunca estaba demasiado apurada o distraída para dedicarle a ella mi tiempo y atención.

Este ejemplo es una de las muchas maneras en que Dios me reveló quiénes son mis hijos y lo que necesito saber para comunicarles mi aceptación de ellos. Aunque esta historia es específica de mi hija, representa la importancia de prestar atención, y cómo esto dará resultado en el desarrollo de la confianza entre nuestros hijos y nosotras. Prestar atención es primordial si las mamás queremos que ellos sepan quiénes son como personas en este mundo. Déjeme que le explique.

## De estudiante a maestra

La voz del padre tiene un impacto resonante en los hijos, y sus palabras perduran en ellos para siempre. Su alabanza y su crítica se graban en sus mentes, y las recuerdan en sus momentos críticos de necesidad. La influencia del padre es dramática y no puede ser disminuida.

Sin embargo, como mencioné antes, la voz de la madre es la que con más frecuencia escucha el niño o la niña. Nuestro papel, en cuanto a las identidades de ellos, surge rápidamente en la formación del valor propio de cada hijo. Somos las principales encargadas de criarlos durante los primeros meses. Cuando amamantamos a nuestros bebés, nuestras voces continuamente resuenan en sus oídos y corazones. Si se trata de hijos adoptados, intencionalmente los saturamos con nuestra presencia.

A medida que nuestros hijos crecen y vamos entendiéndolos mejor, les comunicamos el conocimiento que hemos adquirido sobre quiénes son ellos. En esto radica el corazón de una madre que es estudiante de sus hijos.

*Las madres intencionales tienen el privilegio de adquirir el conocimiento, la información y la intuición sobre sus hijos; y retroalimentarlos para que puedan comenzar a formular definiciones de sí mismos.* En otras palabras, según usted se convierta en una mejor estudiante de su hijo o hijo, mejor maestra de él o ella será cuando les comunique sus personalidades, carácter y propósito.

Hacerles comprender a sus hijos sus rasgos es una de las tareas más importantes que usted puede llevar a cabo durante su viaje de la maternidad. Revelarles lo que conoce de ellos les ayuda a desarrollar un sentido de valoración, percepción de sus dones y talentos y comprensión de sus valores y creencias.

Hannah, a quien conocí en uno de nuestros seminarios de maternidad, era una madre que luchaba con su valor propio. Mientras el seminario se desarrollaba, se dio cuenta de que no quería transmitirles a sus hijos los problemas con los que ella luchaba. Su historia me impactó.

Una de varios hijos, había crecido en un hogar con una madre tremendamente crítica. Su padre no estaba emocionalmente presente, y rara vez le daba a conocer su interés o preocupación por ella. Desde temprano, se dio cuenta de que era inteligente y podría irle bien en la escuela. De hecho, fue en el aula donde alguna vez recibió la única atención positiva.

Como era más inteligente que el promedio de sus compañeritos, se aburría con mucha facilidad, así es que se dedicaba a hablar durante la clase. Su tarjeta de calificaciones, todas con sobresalientes, por lo general también incluían un comentario acerca de que hablaba demasiado en la clase. Cada vez que le entregaba su tarjeta con calificaciones perfectas a la mamá, ésta le decía: «¡Cualquier idiota puede mantener la boca cerrada!»

¿Cómo podría eso comunicar amor y aceptación?

Durante su último año en la escuela secundaria, Hannah comenzó a presentar solicitudes de admisión universitaria aun sabiendo que su familia no tenía recursos para financiarle una educación superior. Su madre le dejó bien en claro que si quería estudiar en la universidad tendría que permanecer cerca de la casa, y agregó: «De todos modos, nadie te querrá». Hannah le rogó que le diera treinta y cinco dólares que necesitaba para pagar los gastos de la solicitud de la Universidad de Stanford, pero su madre se negó a dárselos porque estaba segura que Stanford no la admitiría.

El último día en que se podía enviar la solicitud, la madre de Hannah cedió y le dio el dinero. Pasaron los meses, y finalmente llegó la respuesta. ¡No sólo la aceptaban sino que le ofrecían una beca completa!

Después de que Hannah se hubo graduado de Stanford, consiguió un buen empleo. Pero un título de una de las universidades más prestigiosas del mundo aún no borraba la duda, la crítica y el abandono emocional de su madre.

Hannah quería sanarse pero desde adentro hacia afuera. Sabía que estaba dañada y que no podía seguir así. Se Dio cuenta que se enfrentaba a la difícil tarea de reprogramar su mente y así poder cambiar los mensajes en la voz de su madre que tenía grabada en la memoria. Necesitaba sustituir la voz llena de crítica de su madre con la voz de Dios.

Después de todo era Él y no su madre quien la definía.

Las madres intencionales comprenden el desafío que tienen ante ellas; reconocen que los niños y los adolescentes más seguros de sí mismos son los que aprenden que su importancia no depende de lo que hayan logrado, de cuán obedientes sean, o de cuánto se hayan esforzado. Las madres intencionales se dan cuenta de que para que sus hijos lleguen a los primeros años de la edad adulta con el valor propio sano que fue diseñado por Dios necesitan comprender que son valiosos simplemente porque son.

Durante mis conferencias sobre la maternidad, a menudo les pido a las madres que reflexionen sobre algunas ideas clave. Comienzo pidiéndoles que recuerden cuando sus hijos tenían dieciocho meses de nacidos. Ésta es una bonita edad pues es cuando los niños pequeños empiezan a desarrollar lo suficiente su personalidad individual como para que sus madres tengan un vislumbre de lo que se acerca. Sin embargo, aún dependen de sus padres para su bienestar. Todavía usan pañales, y necesitan que se les vista, se les alimente y se les proteja. No pueden hacer nada por alguien, y mucho menos por ellos mismos.

Cuando las madres que asisten a mis conferencias captan en sus mentes el recuerdo de aquel niño pequeño, sonrisas aparecen en sus rostros. Al retener esa imagen en sus mentes sienten alegría, esperanza y un amor enormes.

Entonces les pido que se concentren en la imagen actual de sus hijos; les doy un minuto para que recuerden sus rostros ahora más viejos y les pido que recuerden la última vez que se sonrieron simplemente porque sus hijos existían. Cuando estas mamás se dan cuenta de algo que tal vez no aceptan y valoran en sus hijos como una vez lo hicieron lentamente esas sonrisas maternales empiezan a disiparse. Este es un momento que hace reflexionar a la mayoría de las madres porque demuestra la facilidad con que podemos perder de vista la importancia de nuestra propia carne y sangre.

Cuando la pasión de una madre disminuye, los hijos, sobre todo los adolescentes y los adultos jóvenes, lo sienten. Han vivido con ella bastante tiempo como para sentir su frustración y desilusión mucho antes de que ella ni siquiera lo reconozca. Esta lucha es una declaración *sobre* la fe de la madre. Ella realmente lucha cuerpo a cuerpo con Dios, no con sus hijos; lo cual hace que este viaje haga un giro completo.

Todas las madres tienen momentos en que se sienten desalentadas, abrumadas, temerosas, o enojadas. Sin embargo, las madres intencionales permiten que esos momentos les recuerden esta verdad: *Dios no comete errores, y nada en sus vidas o en las de vidas de sus hijos, jamás sorprenderá a Dios.*

Recuerde que Dios es su más ferviente admirador, y Él nunca se dará por vencido en cuanto a usted y sus hijos.

## Así que, ¿cuál es el problema?

A menudo usted y yo necesitamos recordarles a nuestros hijos la definición que Dios ha hecho de ellos. Hágales saber que Dios los ama a pesar de su comportamiento, no debido a ello. El amor de Dios es incondicional, sin importar si «actuamos» bien o mal. Las mamás debemos recordarles a nuestros hijos que nadie en el mundo es como ellos, y que continuamente nos asombramos de que Dios nos haya escogido para ser sus madres. Cuando de manera invariable reforzamos la verdad de que Dios es el admirador más ferviente de nuestros hijos, ellos lo verán como Él es realmente; no como a menudo la religión y el mundo lo describen. Y comenzarán a aprender a verse a través de los ojos de Dios.

A veces, también las madres necesitamos acordarnos del amor de Dios por nosotras. Él es la autoridad final en cuanto a quiénes son nuestros hijos, cómo fueron creados, hacia dónde van, y cómo llegaran allí. A veces nos sentiremos incompetentes para la tarea de criarlos pero en nuestras debilidades podemos ver la fuerza de Dios, tanto en nuestras vidas como en las de ellos. Seamos realistas en cuanto a esta idea aunque sea por un momento.

Quiero usar una palabra religiosa con usted.

*Gracia.*

Tal vez usted sabe lo que significa esta palabra. Pero si no es así, espero que entienda que la mayoría de los cristianos que creen que saben su definición, no la saben. ¿Cómo sé yo esto? Porque sé lo que ocurre entre bastidores con la mayoría de los niños cristianos, y ellos prefieren morir antes que permitir que sus padres sepan sus secretos, problemas, o dificultades. Y éstos son niños de familias que piensan que entienden lo que es la gracia. En la actualidad, estas mamás (y papás) no tienen ni idea de qué es la gracia en cuanto a la crianza de sus hijos; o, en cuanto a ellos mismos.

La gracia es un concepto que significa: «Te voy a amar sea que lo merezcas o no».

La gracia significa: «No tienes que ganarte mi amor».

La gracia significa: «Pase lo que pase, siempre seré tu admiradora más ferviente».

En contraste con la gracia, la mayoría de los hijos buenos creen que se les ama porque hacen felices a sus padres felices. Felices por:

- ser buenos estudiantes
- estar en la escuela «correcta»
- ser líderes
- irle bien en los deportes o en algún esfuerzo creativo
- llevar una vida moral

Pero ¿qué ocurre si surge un problema? Se produce una crisis. Cuando las notas bajan, los hijos se preguntan si sus padres seguirán amándolos. Cuando hacen decisiones tontas, temen que sus padres nunca volverán a confiar en ellos. Cuando de una u otra manera decepcionan a sus padres, se asustan al pensar en cómo afectará eso su relación con ellos.

Por esto, los hijos buenos es muy posible que no se sientan bien si se dan cuenta que se los valora sólo por su comportamiento; por lo que hacen o no hacen.

A veces, las madres permiten que el orgullo, el egoísmo y las opiniones de otra gente anule lo que sus niños más necesitan: un amor incondicional. Un error común en el cuidado maternal, que oigo con frecuencia, es: «¿Qué pensarán otras personas de mí como madre si mi hijo se comporta mal?». Una mamá que se hace esta pregunta pareciera estar anteponiendo sus necesidades a las de su hijo.

Aunque tal vez usted nunca haya pensado tal cosa, la verdad es que involuntariamente puede enviar mensajes negativos a sus hijos, mensajes que les dicen que no los acepta con sus defectos.

Piense en esto. A los diez años de edad, los niños han entendido cuánto es lo que sus madres pueden soportar. Se dan cuenta de que si la mamá «se pone hecha una furia» porque han dejado de hacer una tarea o han desobedecido un toque de queda, es mejor que no le digan nada, a menos que se trate de algo muy importante. Han escuchado los comentarios que su mamá ha hecho de otros niños que cometen errores y saben que pueden esperar la misma reacción si se encuentran en una situación similar.

¿Qué han decidido sus hijos sobre cuánto puede usted soportar? ¿Qué mensajes suyos han detectado que, por consiguiente, afectan ahora su confianza en ellos mismos? Algo aún más importante, ¿qué han aprendido sobre la aceptación de Dios de ellos como resultado de su relación con usted? (Recuerde que la aceptación no es igual a la permisividad).

Las madres intencionales saben que un hijo que sabe que lo aman simplemente porque él existe, es un hijo que con mayor probabilidad se sentirá bien desde adentro hacia afuera.

Si una mamá se ama a sí misma de la manera que Dios la ama a ella, criará hijos que experimenten un amor incondicional.

Las madres que reconocen el poder que tienen en las vidas de sus hijos harán que el mundo sea diferente de en el que vivimos ahora.

El amor más puro que una madre intencional puede tener por su hijo implica conocer sus debilidades, defectos, luchas y problemas; luego, amarlo con aceptación, anticipación y esperanza; y con la gracia de Dios. ¿Está usted aprendiendo a conocer a su hijo? ¿Lo ama con esa clase de amor?

## Puntos de fe

*Señor, tú me examinas,*
*tú me conoces.*
*Sabes cuándo me siento y cuándo me levanto;*
*aun a la distancia me lees el pensamiento.*
*Mis trajines y descansos los conoces;*
*todos mis caminos te son familiares.*
*No me llega aún la palabra a la lengua*
*cuando tú, Señor, ya la sabes toda.*
*Tu protección me envuelve por completo;*
*me cubres con la palma de tu mano.*
*Conocimiento tan maravilloso rebasa mi*
*comprensión;*
*tan sublime es que no puedo entenderlo.*

Salmo 139.1–6

Una de las emocionantes dimensiones del carácter de Dios es su conocimiento absoluto de cada uno de sus hijos. Se nos llama a imitar esa dimensión de Dios respecto a nuestros hijos. Al conocerlos bien, usted tendrá acceso a una parte más profunda de sus corazones porque sabrán que su amor es incondicional.

1. ¿Cuán bien cree que conoce a sus hijos?
2. ¿Qué ha aprendido de cada uno de ellos últimamente?

3. ¿Cómo puede llegar a ser una mejor «estudiante» de sus hijos? ¿Cómo se beneficiarán ellos al hacer usted eso?

4. ¿Cómo pueden sus hijos producir un cambio positivo en usted, limando sus asperezas?

5. ¿Qué es lo que este capítulo le ha ayudado a comprender mejor, y cómo puede ponerlo en práctica hoy?

## Mamás intencionales en acción

1. Ser una estudiante de su hijo requiere que preste atención a la clase de persona que es su hijo. Durante las próximas dos semanas, escriba en un diario algunas observaciones en cuanto a lo que vea. Asegúrese de no concentrarse en lo que quiere ver, sino en lo que realmente es sin tener en cuenta como lo que vea la haga sentirse.

2. Para sus hijos es importante saber qué es lo que a usted le gusta de ellos. Haga una lista, y dedique tiempo para conversar con su hijo o hija y leer la lista que haya hecho. Él o ella pudieran no saber cómo reaccionar en ese momento, pero eso está bien. Lo importante es que tome tiempo para decírselo; necesitan oírlo de usted. Asegúrese de que lo que dice es verdad. Esté preparada para dar ejemplos.

# 3

## Usted puede vivir pacíficamente durante los años de la adolescencia

Principio 3: Sea intencional en cuanto a ser conservadora de la visión

Hal estaba en el séptimo grado, y era uno de los niños más fáciles del mundo para llevarse bien con él. No obstante, tenía problemas con un maestro en la escuela; pero no se lo había dicho a su mamá o a su papá. Una mañana, Hal decidió que ya no podía seguir soportando esa situación de rechazo en la escuela, así que se propuso hacer algo.

Su casa estaba en medio de un naranjal. Una mañana tomó varias naranjas, las atravesó con clavos y las colocó en el camino por donde transitaba su autobús escolar. Ya se imagina lo que sucedió. Hal y los demás niños no llegaron a la escuela a tiempo esa mañana. A un autobús escolar con naranjas clavadas en sus cuatro llantas le costará mucho llegar a su destino final a tiempo.

¿Era Hal un delincuente? No.

Muchos padres podrían haber pensado que tenían un hijo problemático. Felizmente sus padres lo conocían y creyeron que su acto de esa mañana, movido por la desesperación, era simplemente un solo incidente en su vida, no un momento decisivo.

Hal era un *adolescente*, y para algunos padres, pensar en la adolescencia es causa de un enorme temor.

Si usted teme a los años de la adolescencia, ya tiene un problema. Pero recuerde, sus propios padres pasaron por esa temporada de la vida con usted, y sobrevivieron. Ahora sus hijos merecen que usted la viva con ellos; tampoco la matarán. Al menos no creo que eso vaya a ocurrir.

La adolescencia de su hijo o hija es una profecía que se cumple por sí misma: Si usted espera que será emocionante e interesante, así habrá de ser. Pero si espera que será mala, no quedará decepcionada. Si teme algo por bastante tiempo, se volverá tan malo como se lo imaginó.

La adolescencia provoca los temores más grandes en una madre. Tal vez tema que sus hijos se comporten de la misma manera que lo hizo ella durante su adolescencia; o conoce muy bien las increíbles presiones que los amigos, o la cultura, ejercen en los adolescentes. Independientemente de la causa de sus preocupaciones, esto impregna su creencia sobre los años de la adolescencia. Lamentablemente, no escucha bastantes palabras de ánimo como para disuadirla de sus pensamientos inquietantes; tampoco ve suficientes ejemplos de esperanza. Al quedarse dependiendo de su propia mente, una mamá puede crear una pesadilla de expectativas para los años de la adolescencia antes de que su hijo deje de usar pañales.

Lo más triste en cuanto a su constante temor es que el niño se da cuenta de ello, y la ansiedad invade también su pensamiento. Aunque tanto la madre como el hijo pueden participar inconscientemente en esto, finalmente saldrá a la superficie en el cumplimiento de sus expectativas negativas.

¿Le parece que eso es una locura? Tal vez. Pero hay un antídoto para esta locura: conservar el panorama completo, la visión de quiénes son sus hijos y en quiénes se pueden convertir.

Este principio: ser conservadora de la visión comienza examinando la manera equivocada de pensar de una madre. Las madres deben reflexionar profundamente en lo que esperan que les ocurra a sus hijos en los años de la adolescencia, y deben hacerse varias preguntas clave:

1. ¿Son mis pensamientos el resultado del temor?
2. ¿Tiene mi ansiedad que ver conmigo y con mi pasado?
3. ¿Están mis temores o expectativas relacionados con lo que se dice de otras madres y las historias que ellas cuentan?

En una ocasión me reuní en mi oficina de orientación con una estudiante del último año de escuela secundaria y con su madre. La muchacha estaba a punto de graduarse e ir para la universidad. La tensión se había intensificado entre las dos, porque la mamá tenía miedo de que su hija hiciera algunas malas decisiones después de salir del hogar.

Durante el desarrollo de la sesión, la muchacha le dijo a su madre: «Mamá, yo no soy tú. No voy a cometer los errores que tú cometiste, ni a hacer las decisiones que tú hiciste. Yo no necesito hacer eso. Tú necesitabas pasar por todo eso, por la razón que sea. Yo no necesito esas experiencias».

Con esas cuantas frases, esta jovencita dejó bien en claro que los temores de su mamá tenían que ver con el pasado de ella y no con el viaje que su hija emprendería. La muchacha estaba dolida porque su madre no confiaba en ella como se lo merecía. Los temores de la mamá herían claramente una relación que antes había sido sana.

Cada hijo o hija merece una cuenta nueva para ir anotando en ella todo lo relacionado con su propio viaje. Si somos intencionales en darles esto a nuestros hijos, ellos sabrán en sus corazones que los tratamos con confianza e imparcialidad. También se sentirán seguros de que andaremos junto con ellos.

Este principio de ser «conservadora de la visión» desafiará la manera en que usted ve a sus hijos durante este tiempo tan importante de sus vidas. Así que crúcese de brazos, respire y escuche un mensaje del corazón y la mente que la animará y fortalecerá desde adentro hacia afuera. Este principio le pide que sea intencional en cuanto a su *actitud* hacia sus hijos durante los años de la adolescencia. Usted puede aprender que cualquier acontecimiento no necesita definir el futuro de sus hijos cuando retiene el panorama completo en su mente.

## No pierda la visión del momento

Afróntelo. La mayoría de los adolescentes cometerán errores tontos. Parte de esta fase del desarrollo de la vida es descubrir su identidad; y ese proceso estará lleno de pasos en falso. Uno de los errores más comunes que las madres cometen durante la adolescencia de un hijo es declarar calamidades en cuanto a todo el futuro de su hijo o hija adolescente cuando él o ella actúan en una manera tonta o irresponsable. Muy a menudo, las madres tratan una sola ofensa como si fuera permanentemente fatal; cuando pocas cosas en la vida lo son. A menudo, estos momentos de inmadurez o irreflexión juvenil producen un miedo intenso, enojo y reacciones maternales exageradas.

En ese momento, las madres permiten que sus temores secretos se vuelvan adictivos, olvidándose de su responsabilidad principal que es reconocer el impacto de un momento presente sin olvidarse del futuro potencial de ese momento en la vida del hijo.

Muchas mamás no se dan cuenta de cómo las cosas se acumulan unas encima de otras, y cada momento es más grande de lo que ellas ven. Por ejemplo, si usted se pone hecha una fiera cada vez que su hijo deja sus zapatos deportivos tirados en el suelo, y le agrega a eso todas las otras cosas pequeñas que aprietan su botón y la hacen salirse de sus casillas; él concluirá que usted no puede manejar los verdaderos problemas en la vida de él de una manera segura y razonable. Cuando esto pasa, usted pierde su intención y su relación de confianza con su hijo.

Si define a sus niños o adolescentes de acuerdo con un momento, o con una serie de acontecimientos, les está diciendo que su definición de ellos está basada en *lo que hacen* y no en *quienes son*. En una época que satura a nuestra juventud con definiciones superficiales de lo que es valioso, debemos declararles a los corazones y a las mentes de nuestros hijos la verdad. No podemos ceder al miedo que ellos puedan sentir cuando lo echan todo a perder.

Cuando usted comience a ver esto en sus hijos, ellos comenzarán a creerlo acerca de ellos mismos.

Hace muchos años, aconsejé a una joven que, cuando era adolescente, una noche salió de la casa sin que nadie se diera cuenta para ir a una fiesta. Sus padres no querían que ella fuera porque no conocían a ninguno de los jóvenes o las familias que estarían allí. Pero la hija hizo su propia decisión. Lamentablemente, aquella noche se volvió una pesadilla.

Estando en la fiesta, un muchacho al que acababa de conocer, la violó. Alguien le puso algo en la bebida, aturdiéndola de tal manera que no pudo defenderse. Horrorizada y asustada por lo que le había sucedido y temerosa de decírselo a sus padres, se guardó la tragedia para ella misma.

Algunos meses después, descubrió una erupción cutánea que nunca había tenido. Llorando, fue a su madre para contarle sobre la erupción y la violación.

A pesar de lo traumática de la situación la madre hizo algo bueno: en vez de concentrarse en «el por qué» de lo que había sucedido, se concentró en la necesidad que su hija tenía de sentirse segura, ser aceptada y que se le atendiera. Su mamá sabía que más tarde podría surgir «el por qué»; pero mantuvo la necesidad de su hija al frente de la situación. Tiernamente comenzó el proceso de sanidad con ella, y la ayudó a conseguir varios tipos de apoyo que necesitaba, incluyendo venir a mi oficina.

Cuando comencé a ayudarla, poco a poco la joven fue revelando los pensamientos detrás de sus lágrimas.

«Mi vida nunca será lo mismo. No volveré a confiar en un hombre. Siempre seré una persona con un pasado oscuro. Nunca miraré la vida de la misma manera. ¡Nunca me veré a mí misma como me veía antes!» Una sensación de tristeza, remordimiento y desesperación llenó el lugar mientras ella hablaba.

Pero algo aún peor nos acompañaba: *una manera distorsionada de pensar.*

Yo sabía que aunque necesitaba ser sensible a sus sentimientos, no podía permitir que ella creyera, ni por un minuto, que su vida había terminado.

«Sí, tu vida ha cambiado», le dije. «Estoy muy triste porque sufriste una herida muy brutal y cruel en tu cuerpo, mente y corazón. Pero déjame decirte esto. Ese momento en la vida no te define a ti en cuanto a lo que eres. Algo horrible te ocurrió, pero no tiene el poder para definirte, a menos que tú se lo permitas».

Y continué: «Llegará el momento en que volverás a vivir con confianza. Vendrá un tiempo cuando serás sanada; de modo que aunque pudiera ser que tengas el recuerdo de la experiencia, ya no tendrás el dolor. Te sanarás, y no serás definida por las acciones de otra persona».

La joven necesitaba oír que una voz de autoridad le hablara con seguridad y enérgicamente, sobre quién era ella y cómo se la definía.

Todos los niños, y la mayoría de los adultos, necesitamos oír y creer que las circunstancias no nos definen. Necesitamos saber que somos más importantes que las situaciones de nuestra vida, porque eso significa que nuestro destino y nuestra identidad no están en las manos de otra persona.

## Una mente asediada

La adolescencia es un tiempo difícil del desarrollo. Según los científicos, el cerebro de los adolescentes experimenta una inmensa transición. Por lo tanto, a pesar de que a veces nos preguntamos qué será exactamente lo que nuestros hijos pudieran estar pensando, hay motivos legítimos en cuanto a por qué los adolescentes no siempre toman decisiones sensatas.

Por ejemplo, ¿sabía usted que estudios neurológicos de cerebros de adolescentes muestran que ellos:

- son impulsivos?
- no entienden el peligro?
- no pueden reconocer las consecuencias de sus acciones?
- tienen dificultad para priorizar?
- interpretan mal las señales emocionales?
- tienen dificultad para la organización?[1]

Los adolescentes no sólo tienen desafíos cognoscitivos sino que también luchan con las amistades, las hormonas, las actividades académicas y la presión de los compañeros. Ponen en duda todo lo que se les ha enseñado, y exploran nuevas cosas con curiosidad y juicio crítico. No saben quiénes son y se preguntan quiénes somos nosotras. La adolescencia es un tiempo en el que más nos necesitan pero a menudo están demasiado asustados como para admitirlo a ellos mismos o a nosotras. Debemos procurar no confundir este miedo con terquedad.

Éstos son sólo algunos indicadores que hacen que la adolescencia sea un tiempo complicado tanto para los adolescentes como para los padres. Así que en vez de precipitarnos a sacar conclusiones en cuanto a que les hemos fallado o que nuestros hijos son perdedores, tal vez nosotras necesitamos distanciarnos, respirar y recordar que ellos atraviesan un período difícil de sus vidas.

Desde la escuela media hasta el último año, su hijo experimenta confusión, miedo y una fuerte sensación de incompetencia. Aunque esta temporada puede destacarse por rebelión, irreflexión y una manera de pensar a corto plazo; las madres no pueden aceptar esa definición de un adolescente. En cambio, las mamás intencionales se convierten en conservadoras de la visión.

¿De qué visión estamos hablando?

¿Recuerda cuando nacieron sus hijos? Ya sean adoptados o biológicos, sembraron esperanzas y sueños en su corazón: una visión para las vidas de ellos, que trajo significado y entusiasmo a la vida de usted. Creyó lo mejor para sus hijos, y se imaginó que serían los mejores en cualquier cosa que decidieran hacer. Usted tenía una visión de ellos que era nueva, llena de esperanza y confianza.

Entonces las cosas comenzaron a cambiar. La vida no fue de la manera que usted planeó. Tal vez sus hijos son diferentes de lo que usted esperaba, y tienen mentes propias. O tomaron decisiones malas, o andan con el tipo incorrecto de amigos. Quizá tienen discapacidades de aprendizaje o luchan con relaciones; y usted no estaba preparada para nada de esto. Es probable que vea demasiado de sí misma o del papá en ellos, y está segura de que eso los retrasará. Lentamente, sin mucha fanfarria o atención, la visión emocionante que tenía para sus hijos, disminuye. Esa disminución es tan gradual, que no se da cuenta de que está sucediendo hasta quizás este mismo momento. Usted ha perdido el panorama completo; fue tragado por la vida real.

Las crisis nos muestran a nosotras, y a nuestros adolescentes nuestra verdadera opinión de ellos. En otras palabras, si su visión para su futuro es aún tan significativa como cuando sus hijos nacieron, ellos lo verán en usted hasta en medio de circunstancias difíciles. Sin embargo, lo opuesto es también cierto: notarán si ahora su visión para ellos se ha empañado.

Es fácil que usted esté en su mejor momento cuando las cosas van bien y la vida es agradable. Sin embargo, sus hijos adolescentes necesitan que usted se encuentre en su mejor momento cuando están en lo peor de ellos. En esos momentos debe ser la conservadora de la visión que Dios le dio cuando cada uno de sus hijos era un bebé recién nacido.

Su tarea como mamá es crítica para sus adolescentes en los momentos desafiantes de la vida porque la contemplarán para ver lo que realmente cree acerca de ellos. Necesitan ver confianza y esperanza cuando nadie más las ve; tal vez ni siquiera ellos mismos. ¿A quién recurrirán primero buscando ese apoyo? A usted.

Los niños tienen bastante oposición: los maestros encima de ellos por las tareas escolares; los entrenadores gritándoles para que hagan las cosas bien esta vez; y los amigos los abandonan por ninguna razón aparente; así que necesitan poder contar con su mamá para que ella esté de su lado, la persona que los ama más que nadie. La mamá no tiene que arreglar nada; sólo tiene que escucharles, y luego orar.

Ésta es una carga pesada para llevar. Gracias a Dios no tenemos que llevarla solas. Desde el principio su plan ha sido ir con nosotras en este viaje.

En algún momento, no importa cuánto usted haya animado y apoyado a sus hijos, cuando se convierten en adolescentes probarán sus alas y los límites. En ese momento, sus decisiones y errores la desafiarán a mantener vivo el panorama completo, la visión, para sus vidas. Si esto aún no ha sucedido, va a suceder, aunque los errores y fracasos no son crisis muy serias. Así que, ¿cómo responderá usted? ¿Cómo permanecerá segura de sí misma cuando su hijo o hija cometa un error en la vida que tenga consecuencias, incluso graves? ¿Qué si su hija llega a casa embarazada, o su hijo es detenido por encontrarse bajo la influencia del alcohol? ¿Declarará usted que la vida de su hijo o hija adolescente se acabó, o mantendrá encendida la llama de la fe y la esperanza?

Espero que no tenga que enfrentarse a problemas tan graves como éstos, pero aquí radica la verdad: *las madres son responsables de tener esperanza en cuanto a sus hijos, cuando todos los demás la hayan perdido.* Cómo una madre responde a estos momentos, lo dice todo acerca de su nivel de fe, y de su propio sentido de valor personal.

Durante más de dos décadas de ser psicoterapeuta, he tenido la oportunidad de asesorar a numerosas familias, sobre todo religiosas. Muchas madres, cuyos esposos estaban en el ministerio o liderazgo de la iglesia, han aparecido en mi puerta con una hija embarazada. Lo que sucede después es siempre importante.

La mayoría de las veces la madre me informa que no cree en el aborto, pero que su situación es diferente. En mi presencia, hasta ella le dice a la hija que si tiene al bebé, su vida habrá terminado y sus sueños no se harán realidad. En la mayoría de las circunstancias la madre pasa a decir que si la hija da a luz a ese bebé, ella tendrá que arreglárselas por su cuenta. Como resultado de yo haber hablado con los directores de muchos centros de embarazos de crisis, he descubierto que esta es una historia común entre su clientela.

Ahora bien, ésta es la pregunta: ¿quién perdió la esperanza?

La adolescente estaba en una crisis y asustada, y miró a su madre esperando ver el rostro de esperanza en el momento más vulnerable de su vida. En cambio, recibió rechazo, control y desesperación. Este mismo problema es una razón por la que tantas adolescentes embarazadas dejan de hablar con sus madres y abortan en privado. Se dan cuenta de que la visión de sus madres para ellas está basada en una imagen o expectativa; en lo que hacen, y no en quienes ellas realmente son.

## Errores contra el fracaso

Cuando nuestros hijos cometan errores, y los van a cometer, nosotras tenemos la oportunidad de ayudarles a volverse más sabios. Un error no es un fracaso, mientras que los adolescentes aprendan algo sobre sí mismos en medio de su caída. La cuestión no es lo que hicieron, sino en quiénes se pueden convertir como resultado de esa experiencia. ¿Aprenderán ellos y se convertirán en adultos sanos por medio de las consecuencias de malas decisiones durante sus años de adolescencia?

Los errores pueden definirlos o mostrarles cómo Dios los define.

Recuerde, nuestros hijos deben ser definidos por la definición que Dios ha hecho de ellos, y su amor por ellos; no por su comportamiento o nuestros temores. Es injusto permitir que una temporada de desarrollo, la adolescencia, establezca los límites que determinan todo su valor propio; especialmente en un momento cuando ellos tratan desesperadamente de entender quiénes son y hacia dónde van.

## Definir el valor y crear la confianza

Esto nos conduce a una pregunta más profunda: ¿Cómo define usted su propio valor? ¿Se basa en quien usted es, o en lo que hace? Cómo lo defina en cuanto a sí misma impactará el valor que les dé a sus hijos, y como verán ellos su propio valor ante los ojos de usted y los de Dios.

Vivimos en una época en la que las personas buscan la verdad desde muchos puntos de vista. En semejante cultura en la que «cualquier cosa está bien», es importante que sepamos la verdad sobre la actitud de Dios hacia nosotros, su opinión de nosotros, y su amor incondicional por nosotros; para que así podamos modelar todo esto a nuestros hijos. Entonces nuestros adolescentes, que constantemente buscan identidad, la puedan encontrar en Dios porque lo ven a Él en usted.

No les podemos enseñar a nuestros hijos principios y valores que nosotras no hayamos aprendido. Si una madre lucha con su valor y piensa que su mayor contribución a las vidas de sus hijos consiste en lo que hace para ellos, entonces tiene un problema. En cuanto a sus hijos, el valor de ella es quien ella es, y punto. Jamás nadie tendrá en la vida de ellos la importancia que ella tiene.

¿Recuerda haber asistido a un programa en la escuela o en la iglesia cuando sus hijos aparecieron en escena? ¿Se acuerda de cómo ellos recorrieron con la vista el auditorio, buscando su rostro? ¿Y cómo, cuando vieron que estaba allí, sus rostros mostraron una sensación de alivio, y quizás una gran sonrisa? En aquel momento, usted estaba allí simplemente como su *mamá*. No podía hacer nada por ellos;

pero su presencia les impartió la confianza que necesitaban para no salir corriendo del escenario. Su *presencia* se convirtió en su *confianza*.

Este ejemplo nos permite hacer varias preguntas clave:

- ¿A quién buscaba usted, cuando era niña, para tener esperanza y confianza?
- ¿Cómo se sentía al saber que alguien creía en usted, pasara lo que pasara?
- ¿Cómo se sentía si no tenía a nadie que la amara incondicionalmente?

Las respuestas a estas preguntas le darán comprensión en cuanto a sus temores y luchas con el amor incondicional y a conservar la visión. Es imposible que mantenga una actitud concentrada en el panorama completo y que hable de la visión que tiene para sus hijos sin creer en su propio valor ante Dios.

Las buenas noticias son que si usted lucha con su sentido de valor propio, ésta es un área donde Dios puede involucrarse en su maternidad. La maternidad es la manera en que Dios nos muestra cuán incompetentes somos y cuánto realmente le necesitamos. A Él le gusta ponernos en una situación en la que sabemos que es demasiado difícil para nosotras, con el propósito de que estemos más dispuestas a incluirle en la ecuación de nuestra crianza de los hijos.

Dios quiere estar presente en nuestra maternidad. Después de todo, Él creó a nuestros hijos y los puso bajo nuestro cuidado. Cuando la presencia de Dios se convierte en nuestra confianza, nuestra presencia puede ser la confianza de nuestros hijos.

Una de las observaciones que he hecho durante años de proveer terapia es que muchas madres provienen de un pasado lleno de heridas. Si a una mujer la crió una madre intencional, ha sido en efecto bendecida y tiene a su madre como modelo para criar a sus propios hijos. Pero si su madre era incompetente, ella debe superar esa experiencia a fin de convertirse en una madre intencional para sus propios hijos. De lo contrario, se quedará atascada en los «momentos», y será incapaz de conservar la visión que tiene para sus hijos.

Sin embargo, cuando una madre «herida» escoge criar a sus hijos en una manera diferente de como la criaron a ella, rompe el modelo de disfunción y abre un camino para que Dios traiga la sanidad. Esa sanidad es un don de Dios, específicamente dado porque intencionalmente ella escogió criar de una forma que le era nueva y desafiante.

Cuando una madre comienza a vislumbrar realmente el incomparable amor de Dios por ella, esa verdad produce un cambio en ella. Le da un sentido de valor propio que a sus hijos se les contagia. También esa verdad le inculca la confianza para aferrarse a la visión que tiene para sus hijos porque ha puesto su fe en Él, quien le dio esos hijos en particular. Cuando una madre comienza a ver que su fe está puesta en Cristo, y no en sus hijos o en ella misma, la tensión disminuye. Esto permite que tanto la madre como el hijo o la hija se sientan valorados y se concentren en sus propios viajes. Inculcar este sentido de valor propio en sus hijos, los libera para aprender las lecciones de la vida que Dios necesita que entiendan antes de que pasen a la siguiente etapa.

## Sabiduría con lentitud

Una manera en la que su hijo o hija avanza por la adolescencia es probando su alas. Los adolescentes forman sus percepciones sobre la vida que entonces les proporcionan el fundamento para tomar decisiones, tanto grandes como pequeñas. Cuando una madre conserva en primer lugar la visión futura que tiene para él o ella, con éxito puede cambiar su percepción de las decisiones de sus adolescentes.

En vez de perder la paciencia con las decisiones cuestionables de nuestros adolescentes, debemos recordar que las vidas y la madurez de nuestros hijos aún se están desarrollando. Nuestros hijos necesitan el tiempo y el espacio para crecer en la manera que sus corazones y mentes requieren.

Necesitamos apoyar a nuestros adolescentes, aunque tal vez no estemos de acuerdo con todas sus decisiones. La adolescencia es la temporada de la vida de una persona cuando se aprende realmente a ser responsable por decisiones que pudieran tener consecuencias que la mamá no puede arreglar. Nuestros hijos no podrán convertirse en personas con responsabilidad para tomar buenas decisiones si antes no tienen la oportunidad de practicar en un ambiente seguro, lleno de amor y aceptación incondicionales.

Cuando Neil y yo asistimos a la orientación para la universidad de nuestra hija, la decana de los estudiantes hizo una observación interesante. Sugirió que animáramos a los nuevos estudiantes de primer año a tomar una o dos clases por la mañana. Continuó diciendo que la mayoría de los estudiantes han sido programados, desde la escuela primaria hasta el final de la secundaria, con tantas actividades y horarios tan recargados que cuando llegan a la universidad, luchan con hacer la programación de su tiempo sin la ayuda de nadie. Acaban de salir de la escuela secundaria, una experiencia muy estructurada; con atletismo, actividades académicas, servicio comunitario, empleos a tiempo parcial, etcétera. Y ahora en la universidad, tienen tanto tiempo en sus manos que no saben qué hacer.

Es muy importante que nosotras aprovechemos esta etapa de sus vidas, la adolescencia, para ayudarles a procesar los verdaderos problemas. De esta manera, aprenderán también a ver el cuadro completo.

Tomar decisiones es una parte esencial de la maduración hasta llegar a ser adulto. Si nuestros hijos no pueden cometer errores mientras están bajo nuestro techo, realmente no les hacemos ningún favor. Las opciones tienen consecuencias y ventajas. Los niños necesitan aprender esta verdad mientras se desarrollan. Necesitan aprender estas lecciones en un ambiente que les permita maximizar el momento en vez de concentrarse en tener miedo de cómo reaccionaremos a sus malas decisiones.

Si vemos sus errores en relación con nosotras, en vez de en relación con ellos, demoramos las lecciones de la vida y les comunicamos un mensaje que les dice que no somos suficientemente sabias como para manejar los problemas con que ellos se enfrentan (o tal vez crean). Cuando permanecemos concentradas en las opciones que se les presentan en sus vidas, no en las nuestras; ellos ven nuestras verdaderas razones: nuestro corazón y nuestra visión para sus vidas y, por consiguiente, es más probable que confiarán en nosotras.

Los adolescentes probarán a sus madres con las decisiones que tomen. Mi hijo era un «probador». Tal vez usted tenga uno de ellos, si no ahora, quizá más tarde.

Yo le recordaba a Taylor su «toque de queda» siempre que salía de la casa, y todo estaba bien con él hasta más tarde. Aproximadamente una hora antes del toque de queda, llamaba y pedía una extensión. Mientras yo me mantenía firme en mi lado del teléfono, él discutía conmigo delante de sus amigos sobre lo injusta que yo era. Siempre le reiteraba mi posición; y por lo general le decía que si él necesitaba más tiempo, debería de haber comenzado más temprano durante el día. ¡A menudo yo terminaba estas conversaciones diciéndole algo como: «El toque de queda sigue igual!»

Por supuesto esperaba levantada su llegada a casa porque tenía que asegurarme de que llegaba sano y salvo, y que me había obedecido. Sin excepción, Taylor siempre entraba por la puerta en el momento del toque de queda diciendo: «Hola, mamá, ¿cómo estás?». Él siempre estaba bien; su actitud era buena. Pero tenía que llamarme delante de sus amigos, perder la batalla, y luego venir a casa. Mi hijo necesitaba que yo me mantuviera firme sin que lo atacara. Necesitaba presentarme como la mala de la película delante de sus amigos, y yo estaba más que dispuesta a ser eso para él.

(Aquí tengo un consejo para usted. Cuando sus adolescentes sean mayores, ponga el despertador para que suene a la hora acordada del toque de queda. Ellos deben entrar y apagar el reloj antes de que suene. Si no lo hacen, tienen que pagarle un dólar por cada minuto que lleguen tarde, o se quedan sin salir una noche por minuto. Con esta táctica el toque de queda dejará de ser un problema.)

Tuve que mantenerme firme con Taylor para que pudiera aprender a tomar decisiones acertadas. Si me hubiera rendido, él no habría sabido dónde estaban los límites. Los adolescentes necesitan límites a fin de descubrir la manera de abrirse el paso como adultos en este mundo. Si no aprenden a tomar decisiones sabias en un lugar donde nosotras podemos ofrecerles apoyo y ser una barrera, tendrán mucha más dificultad para tomarlas cuando estén afuera en el mundo con poca protección.

Ser un muro para que nuestros adolescentes reboten contra él, es vital para ellos. Les provee de un lugar seguro que no se mueve cuando todo lo demás en sus vidas cambia constantemente. Si permanecemos fuertes y firmes, siendo amables y apoyándoles, esto va a darles fuerza, seguridad y esperanza a medida que descubren quiénes son y cómo tomar decisiones en la vida.

Mi imagen de los adolescentes es que son como la gelatina, que se sacude de un lado a otro. El proceso de afirmarse dura muy bien hasta más o menos los veinticinco años de edad para las muchachas y cerca de los treinta para los muchachos. Como usted puede ver, la adolescencia sólo es el comienzo del proceso. Pero es crucial porque afectará la severidad de los golpes y las contusiones durante el tiempo en que su identidad estará en formación.

La adolescencia no tiene que ser la imagen aterradora que tememos cuando nuestros hijos son jóvenes. Ése es un tiempo crucial en sus vidas; y puede ser un tiempo maravilloso en las nuestras cuando apreciamos, respetamos y entendemos donde están en esta experiencia llamada vida.

¿De qué manera nosotras, como madres, conservamos en la mente la visión que tenemos para nuestros hijos? Si usted tiene problemas para hacerlo con sus adolescentes, tal vez necesite reflexionar en su propia infancia para ver qué antecedentes familiares debe considerar en cuanto a la relación que tiene con su hijo o hija adolescente. Su conexión con su madre la impacta a usted de una u otra forma para ser una mejor madre o tan buena de lo que ella fue.

Considerar su propio viaje le da una nueva apreciación de donde sus hijos adolescentes se encuentran ahora. También la ayudará a mantener el panorama completo de su viaje, la visión, en la vanguardia de su mente. Ser intencional siempre da frutos. Simplemente pudiera tardar un poco en recibir la recompensa, pero la paz puede ser suya cuando camine a través de las aguas profundas porque sabrá que éste es un proceso continuo para sus hijos y no la definición final de quiénes son para toda la vida.

Como conservadoras de la visión para nuestros hijos, debemos recordar que Dios es un conservador de la visión para nosotras. Él nunca se da por vencido en cuanto a nosotras, y siempre ve nuestro futuro, y el de nuestros hijos, a través del filtro de un corazón misericordioso y amoroso.

## Puntos de fe

Estoy convencido de esto: el que comenzó tan buena obra en ustedes la irá perfeccionando hasta el día de Cristo Jesús.

Filipenses 1.6

¿No es bueno que Dios no deja de creer en nosotras cuando somos las más vulnerables? Igualmente, a los padres se nos hace el llamamiento a que mantengamos viva la esperanza, la fe y la visión para nuestros adolescentes, cuando ellos tengan luchas. Dedique un momento para pedirle a Dios que la ayude a verlos desde su perspectiva. Esto le dará a usted más compasión, mayor intuición y un espíritu más suave.

1. ¿Qué problema con su hijo o hija la hace quitar los ojos de la visión que usted tiene para la vida de él o ella?

2. ¿Qué visión tiene para cada uno de sus hijos?

3. ¿Qué cosa práctica puede hacer para recordarse a sí misma la visión que tiene para sus hijos cuando es tentada a quedarse atascada en el miedo o en la ansiedad sobre el «aquí y el ahora»?

4. ¿Qué error ha cometido su hijo o hija recientemente, y cómo puede ayudarle a él o ella a aprender algo de ese error?

5. ¿Qué es lo que este capítulo le ha ayudado a comprender mejor, y cómo puede ponerlo en práctica hoy?

## Mamás intencionales en acción

1. Los hijos a los que se les enseña cómo tomar decisiones cuando son niños, tomarán mejores decisiones cuando sean adultos jóvenes. Identifique tres maneras en las que a cada uno de ellos usted le puede permitir tomar decisiones que tienen consecuencias o ventajas. Asegúrese de estar dispuesta a llevar a cabo lo que escojan.

2. La satisfacción demorada es una lección importante que se debe aprender para convertirse en un adulto maduro. ¿En qué maneras puede usted poner en práctica las experiencias de la satisfacción demorada en su familia? Dos buenos ejemplos son no interrumpir cuando los adultos hablan y esperar a darle gracias a Dios por los alimentos antes de comenzar a comer.

# 4

# Conviértase en una mamá que reflexiona

**Principio 4:** Sea intencional en cuanto a desarrollar la inteligencia emocional

En 1981, en el estado de Illinois, varios profesores universitarios llevaron a cabo un estudio de los estudiantes a cargo del discurso de despedida y de los encargados de saludar y dar la bienvenida a los presentes en las ceremonias de graduación. Se hizo seguimiento de ellos desde la universidad hasta sus carreras iniciales. Sorprendentemente, aunque estos estudiantes se desempeñaron bien en la universidad, para cuando más o menos llegaron a los veinticinco años de edad, el nivel de su éxito profesional era solo regular.[1]

Daniel Goleman en su libro *La inteligencia emocional* cita a Karen Arnold, una de las profesoras que llevaron a cabo el seguimiento de estas personas que académicamente se desempeñaron bien, quien dijo: «Saber que un estudiante es escogido para pronunciar el discurso de despedida es saber sólo que él o ella son sumamente buenos en cuanto a sus logros medidos por sus notas. Esto no dice nada sobre cómo reaccionarán a las vicisitudes de la vida».[2] En otras palabras, ellos sabían cómo ser buenos estudiantes. Eso es todo. No eran personas extraordinarias, con gran carácter, con gran corazón y alma. Solamente eran buenos estudiantes.

¿Por qué, entonces, invertimos tanto tiempo en el éxito académico de nuestros hijos y descuidamos el desarrollo de otras partes de sus vidas, las partes de mayor impacto a largo plazo en cuanto a la calidad de su vida y sus relaciones?

Porque no sabemos que estamos dejando de aprovechar una oportunidad tan importante. Y en cierto modo, concentrarnos en las actividades académicas es más fácil.

Creemos que estamos dirigiendo nuestros esfuerzos a las áreas correctas pero la verdad es que no invertimos en las de mayor impacto en cuanto a la *calidad* de vida de nuestros hijos. Aunque no hay nada malo en que una madre asegure el potencial de sus hijos, ella llevará consigo muchos remordimientos si invierte la mejor parte de su energía en un área que sólo producirá resultados superficiales.

Las madres también se enfrentan a los desafíos académicos más fácilmente, porque tienen una mayor sensación de control sobre esta parte de las vidas de sus hijos. Lo académico se puede percibir; las mamás pueden ver resultados inmediatos y saber adónde ir en busca de ayuda. Los tutores, los centros de enseñanza y los grupos de especialidades son recursos fáciles de conseguir para que nosotras los utilicemos cuando nuestros hijos luchan con un problema de aprendizaje.

¿Pero a dónde vamos cuando los problemas emocionales aparecen en nuestros hijos? La mayoría de las madres caen en la negación. Entonces salimos de la negación para caer en el temor.

Las madres comienzan a sentirse incompetentes, abrumadas y frustradas cuando tienen que tratar con los problemas emocionales de sus hijos. Estos sentimientos surgen en nosotras porque (1) no entendemos cuál es la razón de que hayan aparecido esas emociones, y (2) los problemas emocionales de ellos hacen que nosotras nos preguntemos si somos madres buenas. También luchamos porque sus sentimientos tal vez no caben en nuestra «caja lógica». Simplemente no tienen sentido para nosotras.

Pero no se trata de eso. No es necesario que los sentimientos de nuestros hijos tengan sentido para nosotras. Nuestra labor es reconocer sus emociones y luego escucharles, aceptarles, y ayudarles a procesarlas. No es nuestra labor arreglar sus sentimientos, justificarlos, o considerarlos dignos.

Para no perder la oportunidad y el privilegio de crear un fundamento que ayude a nuestros hijos a convertirse en adultos sanos retrocedamos y exploremos este paso crucial de la maternidad. Necesitamos hacer mucho más que aceptar lo que les ayude con sus carreras profesionales. Debemos dedicar nuestro tiempo y nuestra energía a las áreas que les ayudarán con sus *vidas*.

# El ejemplo de Cristo

Todo en la vida tiene que ver con relaciones. Jesús dio ejemplo de su comprensión de esta verdad en la manera en que priorizó a las relaciones durante los tres años que estuvo en este mundo. En contraste con sus homólogos religiosos, Él se concentró en el corazón de fe, y en lo que significó para las vidas que encontró. A la gente que se cruzó en su camino la aceptó sin condiciones.

Jesús no buscó como discípulos a los hombres más académicamente exitosos. De hecho, los doce que escogió no hubieran podido ser miembros del sistema rabínico de su época. Eran hombres que en cuanto a educación religiosa estaban por debajo del nivel exigido de su tiempo.

En lugar de eso buscó a los que eran diferentes en sus niveles de relaciones y experiencias. A esos doce hombres se les atribuiría haber cambiado el mundo para Cristo; viajaron por las naciones enseñando, predicando y ministrando a personas que no conocían.

Tuvieron que poseer grandes habilidades, para haber impactado a tantas personas en tan poco tiempo. No obstante, su conocimiento de Cristo fue el resultado de su *relación* con Él, no de un libro o de una escuela.

Jesús sabía lo que hacía cuando instruyó a sus discípulos. Una y otra vez, Él insistió en las cosas realmente importantes:

- amar a las personas incondicionalmente,
- aceptar a las personas a pesar de lo que otros pensaran, y
- ayudar a las personas en sus necesidades.

Jesús comprendió el poder de las relaciones; y hasta su último momento en la tierra, modeló las relaciones cercanas emocionalmente sanas.

Jesús quiere que invirtamos en las cosas que realmente importan. Las reglas, el éxito terrenal y las posesiones tienen significado, pero no son vivificantes en la manera en que las relaciones lo pueden ser. Jesús sabe que no importa que las personas obtengan conocimientos si primero no poseen corazón, carácter y fe.

Los niños reflejan el conocimiento íntimo de nuestras necesidades como personas cuando vemos la forma en que son naturalmente relacionales. Nacen así y cada día nos muestran que Dios valora el poder de las relaciones. Sin embargo, para que ellos alcancen su nivel óptimo y la bendición de la interacción humana, debemos hacer que el área de las relaciones de sus vidas tengan prioridad principal. A esta área le llamamos *inteligencia emocional.*

## Definición de inteligencia emocional

Antes de continuar con sus opciones para enseñarle a su hijo sobre la inteligencia emocional, le debo una explicación de lo que es la inteligencia emocional. Estoy segura de que no se sorprenderá con ninguna de las características en particular, pues puede ser que las haya recopilado colectivamente. Daniel Goleman en *La inteligencia emocional,* perfila las cinco categorías que definen el término. Éstas son:

1. *Conocer nuestras emociones*: Esto implica la capacidad para reconocer las emociones cuando uno las experimenta. La capacidad de identificar los sentimientos de un momento a otro es imprescindible para poseer una mejor comprensión de los demás y de nosotros mismos. «Los mejores pilotos de sus vidas son aquellas personas con la mayor certeza en cuanto a sus sentimientos».

2. *Manejar las emociones*: Esta habilidad indica cuán bien los niños pueden consolarse a sí mismos en medio del estrés, la adversidad, la desesperación y otros sentimientos difíciles. Un niño que fracasa en esta habilidad tiene dificultad para recuperarse de los problemas emocionales mientras que aquellos que aprenden a calmarse por sí mismos se recuperan rápidamente.

3. *Motivarse a uno mismo*: Demorar la satisfacción y controlar los impulsos son fuertes indicadores de que un hijo será capaz de concentrarse en una meta a largo plazo. Los hijos que poseen esta habilidad, tienen una mayor probabilidad de lograr el éxito en lo que emprendan.

4. *Reconocer las emociones en los demás*: La empatía es una capacidad necesaria para que los hijos disfruten de relaciones eficaces. Los niños que la poseen, perciben las sutiles señales sociales que otros niños usan para comunicarse mutuamente.

5. *Gestionar las relaciones*: Esta capacidad permite que un niño maneje el patio de recreo, el aula, o el campo atlético con sus capacidades personales en vez de con sus habilidades académicas o atléticas. Las capacidades

requeridas para la competencia social afectan la popularidad así como el liderazgo y la competencia interpersonal.[3]

Estas cinco características forman los indicadores principales para predecir los futuros juicios de su hijo o hija, y la salud de sus relaciones. La habilidad que él o ella tengan para controlar estas capacidades emocionales impactará positivamente en su habilidad para seleccionar buenos amigos, reconocer las decisiones arriesgadas y optimizar sus relaciones.

Ahora bien, seamos sinceras. Las mamás nos preocupamos por nuestros hijos cuando ellos no se llevan bien con otros niños de su edad. También nos preocupamos cuando luchan con la insensibilidad, la actitud distante o las reacciones exageradas.

Sobre todo, dejamos de reconocer cuán difícil es para nuestros hijos identificar sus sentimientos.

Muchos niños que he conocido tienen problemas para expresar sus emociones. Cuando se les pregunta cómo se sienten, su respuesta típica es: «No sé». Una razón de su reacción podría ser que pocos padres alguna vez les preguntan a sus hijos cómo se sienten. Usted se quedaría sorprendida de cuán raro es que esa pregunta se le haga a un hijo.

A propósito, ¿cuándo fue la última vez que *usted* se la hizo a su hijo o hija?

Desde el momento en que nuestros hijos comienzan a hablar, podemos preguntarles acerca de sus sentimientos. Tal vez no tengan el vocabulario para responder, pero necesitamos practicar preguntándoles. Finalmente aprenderán a contestar. Queremos que ellos entiendan que los sentimientos no son correctos o incorrectos, buenos o malos. Simplemente nuestra labor es ayudarles a identificarlos.

¿Cuál es otra razón por la que dejamos de hacer esta pregunta crucial? No hemos apreciado su importancia para la felicidad de nuestros hijos a largo plazo, suponiendo que sólo se aplica a su necesidad inmediata. Como son jóvenes, tenemos tendencia a ignorar sus sentimientos. Suponemos que sus emociones cambiarán rápidamente. La mayor parte del tiempo pensamos que si las ignoramos por unos minutos, sus sentimientos incómodos se irán.

Pero no se van.

Se esconden.

Más tarde podrían volver a aparecer en una rabieta, una reacción exagerada o a través del malhumor. Pero los sentimientos de nuestros niños no se van.

Madres, despierten a la increíble oportunidad que todas tenemos para desarrollar emocionalmente a nuestros hijos. Si no tomamos tiempo para cultivar esta dimensión de sus corazones, experimentaremos mayores desafíos cuando sean adolescentes.

A menudo me encuentro sentada en mi oficina con un adolescente del cual la única respuesta que recibo es: «No sé». Les pregunto a sus madres si ésa es una respuesta fuera de lo común o si es típica. Sin excepción, me dicen que es la respuesta típica de su hijo o hija cuando se les pregunta cómo se sienten.

¿Por qué? ¿Por qué permitimos que nuestros hijos adolescentes no sepan cómo se sienten? ¿Por qué no le prestamos mucha atención a esta pregunta, cuando no aceptaríamos la misma respuesta al preguntarles por qué no entregaron sus deberes escolares?

En primer lugar, no pasamos bastante tiempo procesando lo que pensamos. No vamos más allá del momento inmediato para examinar el futuro del panorama completo con el fin de ver adónde podría llevarnos su experiencia actual. Estamos demasiado ocupadas, o en medio de mil cosas; así que no tenemos tiempo, o no parece ser una gran cosa.

En muchos casos, no es una «gran cosa». Sin embargo, fácilmente establecemos patrones de respuesta porque no prestamos atención, y no pensamos en la importancia de cada situación en la vida de nuestro hijo, ahora y más tarde.

Muchas veces, durante la sesión de terapia, he trabajado con padres que me dijeron que al mirar hacia atrás, vieron señales y síntomas de problemas que se avecinaban con sus hijos, pero no conectaron los puntos. Cuando se ven obligados a contestar cómo o por qué erraron en cuanto a las señales que vieron en sus hijos, su respuesta es: «*No lo pensamos detenidamente*».

«No lo pensamos detenidamente». ¿Alguna vez dijo usted eso? La mayoría lo hemos dicho. Pero nosotras (incluyéndome a mí) necesitamos despertarnos y darnos cuenta de que si la usamos con demasiada frecuencia, esa respuesta regresará para hacernos daño a nosotras y a nuestros hijos. La verdad es que si no «pensamos detenidamente» en cuanto a nuestra crianza de los hijos, lo más probable es que no les enseñaremos a convertirse en personas que piensan.

Aquí radica uno de nuestros grandes problemas. Algunas de nosotras, que somos madres, tenemos miedo a presionar en áreas incómodas. Nuestro miedo hace que dejemos de pensar. Por consiguiente, tampoco presionamos a nuestros hijos para que piensen detenidamente en los problemas.

## Pensemos detenidamente

Pensar es una suposición así como un hecho. Es algo que nuestro cerebro debe hacer para que funcionemos. Sin embargo, la calidad de nuestro funcionamiento depende de cuán bien pensamos y si cultivamos el hábito de pensar bien.

Pero seamos realistas: algunas personas piensan sólo lo suficiente para salir del paso. Suponemos que toman tiempo para pensar porque caminan, respiran y hablan. Pero el verdadero proceso de pensar no es nada más que una mínima actividad cerebral que produzca ideas para mantenernos vivos. Sólo porque alguien, usted o sus hijos, están de pie y funcionan, eso no significa que él o ella piensan detenidamente en las decisiones pequeñas y grandes de la vida. Algunas personas dejan que la vida simplemente venga y pase por delante de ellas, sin nunca considerar cómo las circunstancias y las decisiones, o una falta de decisiones, les afectan a ellas y a los que están a su alrededor. Necesitamos involucrarnos en la vida.

¿Quiere que sus hijos sean personas que no piensan? Claro que no. Pero él o ella no aprenderán a pensar si usted no lo hace. Pensar no sólo nos ayuda a nosotras y a nuestros hijos a aprender a tomar decisiones, sino que también nos ayuda a desarrollar la inteligencia emocional. El pensamiento es una decisión que tomamos de examinar todos los resultados, procesos y posibilidades en una situación dada.

En cuanto a este principio, déjeme explicarle cómo una madre intencional definirá y ejercitará el pensamiento con sus niños y sus adolescentes.

Una madre intencional aprovecha la oportunidad de usar los momentos de la vida para enseñarle a su niño o adolescente una lección, habilidad, o comprensión que es más importante que el momento actual. Ella reconoce que las respuestas inmediatas no siempre son la mejor solución, y que su mejor cuidado maternal puede ocurrir con el transcurso del tiempo. Una madre intencional acepta el tiempo como un aliado, no como un enemigo.

Cuando Taylor tenía doce años, fue en un viaje de campamento de la iglesia con un grupo de muchachos a los que había conocido toda su vida. Uno de esos muchachos, de nombre Charlie, siempre lo molestaba. Taylor y yo a menudo hablábamos de diferentes tácticas que podría utilizar para tratar con él. Hasta ese momento no habíamos enfrentado ningún problema importante en cuanto a su relación.

Mientras estaban en ese viaje, el muchacho, «Charlie», siguió molestando a Taylor con sus payasadas. Finalmente, frustrado, Taylor lo insultó con un apodo. Lo bueno es que no se trataba de un apodo «malo», pero tampoco era agradable.

Cuando llegué a recoger a Taylor del viaje de campamento, el padre de Charlie se me acercó para hablarme del incidente. «Pienso que usted debería hacer que Taylor le pida perdón a mi hijo», sugirió, indignado. Le aseguré que hablaría con Taylor y trataría el asunto de la manera apropiada.

Cuando llevaba a Taylor a casa, le pregunté acerca del incidente. Él se confesó culpable de ponerle a Charlie un apodo desagradable, pero no estaba dispuesto a pedirle perdón. Oré con Taylor cuando llegamos a casa. No usé esta oración para darle una paliza o hacerlo cambiar. Le di gracias a Dios por permitir que Taylor fuera mi hijo; y le pedí que Él le hablara a su corazón. También le di gracias por la manera en que Él usaría esta experiencia en la vida de Taylor para mostrarle cuánto Él le amaba.

Al día siguiente, el papá de Charlie se acercó a mí otra vez para preguntarme si yo iba a hacer que Taylor pidiera perdón. Le dije que no. Él se quedó pasmado.

Le expliqué mi posición: «Mi labor como madre es enseñarle a Taylor lo que está bien y lo que está mal; mostrarle el corazón de Dios, y confiar en que el Espíritu Santo lo convencerá de que ha pecado, cada vez que él lo haga. Puedo traer a Taylor aquí ahora mismo y obligarlo a pedirle perdón a su hijo, pero él no será sincero. Lo hará por obedecerme, pero no porque tiene un corazón recto. Estoy más interesada en criar a un hombre con un corazón recto que a otro fariseo religioso».

Ese padre no quedó nada contento. Pero eso no importaba. Había un panorama más grande en aquella situación, y yo no quería perderme la oportunidad de ver la obra de Dios en la vida de mi hijo.

Seguí orando por Taylor acerca de ese problema, pero no le dije nada más. En una ocasión posterior, aquel padre hizo otro comentario pero yo, sencillamente lo ignoré.

Casi seis meses después del incidente del viaje de campamento, Taylor se metió en el auto un domingo por la mañana y me dijo: «Mamá, le pedí perdón a Charlie por haberle puesto ese apodo. Lo que hice estaba mal, y no debería haberlo hecho».

Aquellas palabras me conmovieron.

«Taylor, siempre estoy orgullosa de ti, pero hoy estoy orgullosa *por* ti. Nada nos hace sentir mejor que reparar un daño que le hayamos hecho a un amigo», le dije.

Pasaron *seis meses*. Déjeme decirlo otra vez: pasaron *seis meses*. Eso es mucho tiempo en la vida de un hijo para que aprenda una lección. Pero a algunos niños y adolescentes, procesar una experiencia les lleva tiempo. Cada hijo es diferente, así que una experiencia como ésta podría no ocurrirle a usted con sus hijos. Independientemente de la situación, el caso es que nuestro mejor cuidado maternal incluye los momentos cuando reconocemos la importancia de sobrevivir y aprender de las experiencias de las vidas de nuestros hijos, más bien que simplemente soportarlos a ellos.

Los niños y los adolescentes necesitan tiempo para pensar detenidamente en sus opciones, decisiones, consecuencias, ventajas y posibles resultados. Pensar es una *habilidad* que requiere tiempo, paciencia y oportunidad. La práctica no necesariamente produce perfección, pero mejora realmente sus probabilidades de tomar mejores decisiones.

También es más probable que los niños y los adolescentes que se convierten en buenos pensadores tengan valor para decirles «no» a las malas decisiones y a las tentaciones. Ellos aprenden a utilizar la lógica en vez de la emoción cuando usted les ha enseñado a pensar en vez de a reaccionar.

*Las madres intencionales son madres que piensan; debemos pensar en abrirnos camino en el viaje de maternidad, y ésa puede ser la parte más desafiante de nuestro viaje. Tenemos que estar dispuestas a ir a las áreas más profundas de nuestros pensamientos y sentimientos para que guiemos eficazmente a nuestros hijos al mismo lugar.*

## Identifique las emociones

Al principio de este capítulo resumí los ingredientes de la inteligencia emocional. El primer paso es la *percepción de los sentimientos*. Aquí es donde encuentro que muchas madres identifican su primer obstáculo en su propia lucha con la inteligencia emocional. Si una madre no puede identificar sus propias emociones o las esconde, tendrá dificultad para ser sensible en cuanto a los sentimientos de sus hijos. Esta desconexión les comunica un mensaje que les dice que su mamá no está emocionalmente presente o disponible.

Recomiendo que cada madre vea la película *Gente ordinaria*. Esta película, ganadora de un Oscar, es un ejemplo perfecto de una madre cuyas barreras emocionales se elevan tan alto que ella no puede ver el dolor de alguien, excepto el suyo propio, ni siquiera el de su hijo. La película lleva a los espectadores en un viaje a través de lo que le sucede al hijo adolescente de esta mujer como consecuencia de ella no estar dispuesta a entrar en su propio corazón para poder tocar el de su hijo. Aunque ver esta película causa dolor, es un recordatorio asombroso de lo que les puede ocurrir a nuestros hijos cuando nosotras no estamos dispuestas a ocuparnos de nuestra propia salud emocional.

Una madre intencional reconoce que sus hijos pueden ser el instrumento que Dios use para traer la sanidad a su propia vida. Como quiere que sus hijos estén emocionalmente sanos y espiritualmente completos, está dispuesta a enfrentarse al desafío de su propia carga emocional, para no pasársela a la próxima generación. Ella *admite* que su *ejemplo* es más importante que sus *palabras*; y que las *interacciones* con sus hijos producen un mayor impacto potencial en las futuras relaciones de ellos que la *instrucción* que les imparta.

Algo que cada madre necesita recordar es que cada hijo es diferente, y algunos hijos requieren más esfuerzo que otros. Incluso en circunstancias sanas, usted puede encontrarse con un hijo introvertido que tiene luchas en cuanto a hablar de sus emociones. No permita que eso la desaliente. Sólo porque él se siente incómodo no significa que no puede aprender un vocabulario de sentimientos.

Una observación que he hecho durante mis años ayudando a familias, es acerca del tipo de vocabulario que usan en sus interacciones personales. Con sólo cinco minutos que pase con una familia puedo decirle si los miembros de ella se sienten a gusto o no expresando sus emociones.

¿Cómo es eso posible?

Preste atención a la conversación en su casa una mañana durante el desayuno, en el auto, o antes de la hora de acostarse. Mientras escucha, note con qué frecuencia su familia usa palabras que denotan emoción. Por ejemplo, cuando sus hijos pelean, dicen: «Deja de hacer eso; me pones furioso», o simplemente se quejan del hermano o la hermana. Si su hija llora, y usted le pregunta por qué, o si algo anda mal; contesta con una palabra de sentimiento, como: «Estoy *triste*», «Mis sentimientos están *heridos*», o «Estoy *frustrado*»; o solamente le dice los «hechos» de su problema?

¿Qué idioma usa su familia? ¿Palabras basadas en hechos reales o en sentimientos?

Usted podría grabar las conversaciones de todo un día de muchas familias y es muy probable que ni una sola vez oiga decir una palabra que describa una emoción. Sin embargo, eso no quiere decir que en esas familias nadie experimenta emociones. Simplemente significa que sus sentimientos no son identificados o reconocidos.

Las madres intencionales usan «palabras de sentimientos» en sus intercambios diarios con los miembros de la familia. Ellas no dudan en decir: «¿Cómo te sentiste cuando te robaste aquella galleta?», o: «¿Qué sientes cuando te entienden mal?». Estos tipos de preguntas invitan a nuestros hijos a usar sus sentimientos y aprender a expresar las emociones con sus palabras, no sólo con su comportamiento.

Un niño o adolescente que puede dominar bien un vocabulario emocional es más expresivo en cuanto a las relaciones, así como en cuanto a las actividades académicas. Esta expresividad se revelará en sus conversaciones, escritos y temas que requieren creatividad. Éste es sólo un ejemplo de cómo los niños se benefician cuando una madre crea una atmósfera de salud emocional.

## Esté presente

Ahí radica el problema. La mayor parte del tiempo no permanecemos con un pensamiento lo suficiente como para que se conecte con algo. Estamos tan apresuradas y ocupadas con actividades bienintencionadas que descuidamos asuntos más profundos que pueden tener un impacto enorme en la calidad de nuestras vidas y en la salud de nuestros hijos. Hasta en su presencia hemos dejado de estar *presentes* con ellos.

Un nuevo concepto circula por nuestra cultura. Este nuevo fenómeno que cada vez se hace más grande, contribuye a una interacción vacía entre padres e hijos, Se le da el nombre de *ausencia presente*.

Una madre asiste a un juego de fútbol de su hijo, o a una lección de bailes folklóricos de su hija. Mientras ella está en el campo de juego o en el estudio, se pasa todo el tiempo con su teléfono celular; conversando con sus amigas, planificando, encargándose de diferentes asuntos, o de alguna otra cosa relacionada con su vida. Cada vez que su hijo la mira, tratando de sentir su apoyo y estímulo, lo que ve es que la atención de su mamá está concentrada en una conversación telefónica. No se ocupa de él para nada, aunque está presente. Por lo tanto, mientras la madre puede satisfacer sus sentimientos al «estar allí» por su hijo, no está realmente *allí* por él. Está *ausente presente*; su cuerpo está presente, pero su atención y su energía están dirigidas hacia otros y no concentradas en su hijo.

No estoy diciendo que tenemos que «ayunar» del teléfono (yo lo he hecho) durante cada práctica, juego o ensayo; pero creo que realmente necesitamos darnos cuenta de la cantidad de tiempo que pasamos con nuestros hijos cuando verdaderamente no estamos *con* ellos.

*Las madres intencionales reconocen que pensar es un valor que requiere tiempo, atención y prioridad.*

Usted debe aprender a estar activamente presente con sus hijos. Las madres que aprenden a estar disponibles para sus hijos tienen más tiempo para pensar detenidamente en los problemas emocionales que surgen cada día. Las madres intencionales que aprenden a pensar y, por lo tanto, valoran su propia salud emocional, aumentan el potencial de sus hijos para alcanzar un nivel más alto de la inteligencia emocional.

## Preste atención

Pedro, uno de los discípulos de Jesús, estudió bajo Cristo durante tres años, antes de que se le dejara ir solo. Durante ese tiempo, Jesús trató constantemente con su personalidad impetuosa. Él reaccionó, mintió, negó y se quejó durante el tiempo en que recibió instrucción pero Jesús siempre lo recuperó con la verdad, el amor y la paciencia.

Felizmente para todos nosotros, vemos el resultado del tiempo que Cristo pasó con Pedro, y el impacto que Jesús causó al enseñarle a confiar en Él con todo su corazón y con toda su alma. De la declaración hecha por este hombre impetuoso Jesús dijo: «Sobre esta roca edificaré mi iglesia».[4] Esto debería impartirnos esperanza a todos nosotros. Especialmente si criamos a hijos que tienen dificultad para manejar sus emociones y su comportamiento en una manera sana.

La mayoría de las madres necesitamos prestarle atención a la capacidad de nuestros hijos para adaptarse a la vida y manejarla. Algunos manejan las emociones bastante bien, mientras que otros son reyes o reinas del drama, que todo lo convierten en una crisis. Cuando usted tiene un hijo o hija como éstos, considérelo como una oportunidad para prestar atención a lo que ocurre cuando él o ella muestran este tipo de comportamiento. Ésta es otra situación para aprender acerca de ellos.

Los comportamientos dramáticos, frecuentemente alteran los nervios de una mamá porque tales acciones parecen manipuladoras, quejumbrosas, y controladoras. Aunque los comportamientos dramáticos pueden contener elementos de tales motivaciones negativas, estoy más interesada en que usted busque *patrones* que pueden surgir de las reacciones de sus hijos. Si esas reacciones se repiten, él o ella están dando una señal de que necesitan ayuda en esta área, no sólo tolerancia.

Cada uno tiene un mal día, reacciona de manera exagerada y sufre una crisis emocional de vez en cuando. Pero si uno de sus hijos comienza a mostrar un patrón de conducta como ése: se pone histérico, tiene los nervios de punta, o es incapaz de manejar hasta las más simples de las tareas; hay una razón detrás de esas reacciones extremas. Las emociones dominan su comportamiento, sus pensamientos y sentimientos. La lógica sale volando por la ventana. El hijo es incapaz de responder racionalmente a las situaciones. Si esto sucede, usted necesita entender la razón detrás de su comportamiento ilógico.

Hay siempre una razón por la qué sus hijos hacen lo que hacen. Sin embargo, no espere que ellos sepan siempre cuál es esa razón. Por eso la tienen a usted. Una de sus tareas es ayudarles a entender los problemas.

En muchas ocasiones he visto a padres enojarse por un problema que sus hijos no podían expresar. En vez de reaccionar con enojo o frustración, los padres deben reconocer que hablar, el tiempo y el entendimiento les guiarán por el camino de la revelación correcta. Cuando el problema se revele, se podrán encontrar soluciones y su relación será enriquecida.

## Cualidades adicionales de la inteligencia emocional

Otras dos dinámicas en la crianza de los hijos emocionalmente sanos son la *satisfacción demorada* y la *motivación interna*. Estas dos cualidades son más fáciles de implementar en los hijos, de lo que uno se imaginaría, pero requieren determinación y tiempo.

Vivimos en un mundo de satisfacciones inmediatas, tales como: las comidas preparadas en hornos de microondas, los establecimientos donde se nos atiende sin que tengamos que salir del auto, los cajeros automáticos y la Internet. Nuestros hijos crecen en una cultura donde casi cualquier deseo que se les ocurre puede satisfacerse al instante.

Hace años, la cultura estadounidense era diferente. Un niño que crecía en una granja entendía el orden natural de las cosas, el ritmo de la vida así como el principio de la siembra y la cosecha. Las plantas se sembraban en la primavera y se cosechaban en el otoño. Los niños aprendían a esperar.

Hoy esto no se enseña. Por eso, cuando no saben esperar por algo, no entienden el valor de la inversión en una meta, un deseo o una relación.

Tomemos como ejemplo la transición de la escuela secundaria a la universidad. Los estudiantes del último año de secundaria no pueden entrar simplemente en la universidad que elijan si durante años no se han preparado para el proceso de solicitud a través del promedio de calificaciones, de servicio comunitario, pruebas estandarizadas y actividades extraescolares. Durante la escuela media su hijo adolescente debe comenzar a pensar en cómo invertir su tiempo y sus capacidades en la meta universitaria a largo plazo.

Los atletas han sabido esto durante años. Se pasan horas preparándose cada día, sacrificando otras cosas de la vida a fin de perseguir un sueño. No hay ninguna satisfacción inmediata, sólo la satisfacción personal de pensar en cómo invertir en un logro que dará fruto más adelante.

Así que, ¿cómo enseñamos la satisfacción demorada? Cuando sus hijos son jóvenes, no les dé siempre todo lo que pidan. Anímelos a ahorrar dinero del que usted les da para comprar algo que quieran; que trabajen por las cosas que desean en vez de recibir algo por nada.

Las familias que oran dando gracias por la comida antes de que alguien comience a comer les están enseñando a sus hijos la satisfacción demorada. Hacer que un niño espere a irse de la mesa hasta que cada uno haya terminado, no es sólo cosa de buenos modales sino que también le enseña al hijo a esperar con paciencia.

Hay muchas otras maneras de practicar la satisfacción demorada, pero todas requieren que seamos intencionales. Como mencioné antes, al enseñarles a sus hijos este valor también les está enseñando cómo esperar por Dios cuando hayan orado pidiéndole algo. Dios no siempre contesta nuestras oraciones inmediatamente. Él contestará de acuerdo con su tiempo que es perfecto y completo.

La motivación interna es otro elemento que le da a un hijo una mayor probabilidad de salud emocional. La motivación puede ser complicada, porque cada hijo o hija tiene un diferente conjunto de estímulos que le impulsan. Pero como dijimos en el capítulo 2, cuando una madre es una estudiante de sus hijos, aprende a discernir cuál podría ser ese impulso.

Los niños y los adolescentes que son internamente motivados asumirán con mayor probabilidad la responsabilidad por sí mismos; son más maduros y reconocen las consecuencias y ventajas de sus decisiones.

Cuando yo impartí a mis hijos la educación escolar en casa, rápidamente me di cuenta de que para que este método funcionara con eficacia, necesitaba enseñarles que ellos eran responsables de su trabajo escolar. Hice los proyectos de las lecciones, les enseñé ciertos materiales y les proporcioné actividades extraescolares para ayudarles a que su aprendizaje cobrara vida. Sin embargo, me aseguré de que mis hijos asumieran la responsabilidad de completar sus tareas.

Por consiguiente, cuando ingresaron a la escuela privada, mis dos hijos inmediatamente asumieron la responsabilidad de su trabajo escolar, sus tareas y sus proyectos. Yo estaba agradecida de que no tuve que empujar, amenazar ni engatusarles para que completaran su trabajo. Ellos simplemente lo hicieron.

La vida no siempre producirá resultados instantáneos. Necesitamos enseñarles a nuestros hijos cómo invertir y cómo esperar las cosas más importantes de la vida. De otra manera no tomarán decisiones sabias sobre su educación, sus carreras, sus compañeros; sus vidas. Tienen que aprender a elegir lo que es correcto y verdadero en vez de lo que es fácil y popular.

Espero que ya usted, también, vea un modelo de las ventajas de pensar detenidamente en los asuntos que se pueden perder tan rápidamente en la rutina cotidiana de la vida como madre. Sus hijos tal vez luchen con usted a veces, pero las bendiciones que todos recibirán más tarde valdrán la pena.

# Del patio de recreo al mundo corporativo

Hasta ahora, me he comunicado con usted como mamá y terapeuta. Sin embargo, también soy instructora de ejecutivos. Como la mayoría de las madres, he tenido que esforzarme mucho para desarrollar mi estilo de maternidad y prácticas en el crisol del mundo real.

Como entrenadora de ejecutivos del mundo corporativo, he experimentado muchos momentos en los que pensé que me encontraba en el patio de recreo, en vez de estar dentro del grupo de expertos de una gran corporación. He visto con asombro cómo hombres y mujeres que ganan salarios increíbles, supervisan a miles de empleados y tienen gran influencia en el mundo corporativo se comportan como niños de cinco años que tienen una rabieta.

También he observado a jefes «minitiranos» que gobiernan como si tuvieran dos años de edad. Son personas que por lo general tienen un alto nivel de rotación de su personal, exigen demasiado, y no asumen ninguna responsabilidad por su comportamiento. Siempre afirman ser víctimas y gobiernan con una mentalidad de mando y control.

En cualquier forma que vengan, estas personas emocionalmente inmaduras, viven quejándose y crean estrés para todos los que están a su alrededor. Sin embargo, en la mayoría de los casos, están totalmente inconscientes de su impacto en los demás. La misma dinámica que se manifestó en la escuela secundaria; o peor aún, en el patio de recreo de la escuela primaria, se manifiesta en el mundo corporativo; porque algunas personas nunca crecieron

emocionalmente. Aunque tal vez sus cuerpos han enveje-
cido, sus emociones están atascadas; y lastiman a muchas
personas con sus payasadas juveniles, sus tácticas de intimi-
dación y mentalidad de atletas con una actitud arrogante.

¿Es éste el tipo de adulto en que usted quiere que su hijo
se convierta? Por supuesto que no.

Una de las razones por las que esos individuos hieren
a otras personas es que no reconocen el poder de su posición, ni entienden el daño que su inmadurez les causa a sus
subordinados. Muchos de ellos no saben cómo detectar las
emociones de otros, y muchos subordinados trabajan duro
para esconderse de sus jefes con el fin de evitar que éstos les
lastimen o hieran emocionalmente.

La gente que experimenta la mayor alegría en sus relaciones es aquella que se siente segura, valorada; y tiene un
propósito. Por otra parte, cuando una persona no puede
respetar a los demás, esto se manifiesta de alguna manera
en sus relaciones, y probablemente no será nada agradable.

No quiero que usted sienta demasiada presión, pero ésta
es la verdad: la madurez emocional comienza en la infancia
con la manera en que los padres se relacionan con sus hijos,
cómo les hablan, cómo los escuchan, cómo los tocan y la
forma en que les prestan atención. Si somos sensibles a sus
necesidades emocionales, ellos desarrollarán conciencia y
sensibilidad hacia los demás, porque así será *su definición
de lo que es normal*. Cuando dejamos de enseñarles sobre el
impacto que pueden hacer en otros, esto puede seguirles en
todas las áreas de la vida. En muchos casos, nunca podrán
dejar atrás la inmadurez emocional.

Algunos grupos de niños; por ejemplo, aquellos que han sido diagnosticados con ciertas condiciones neurológicas o del desarrollo; luchan con la capacidad para detectar las emociones y los sentimientos de otras personas. La naturaleza de su problema neurológico es que no están predispuestos con la capacidad de sentir empatía o comprender las señales sociales. Tal vez son insensibles, desconectados y emocionalmente fríos. Sin embargo, tienen una razón de ser como son. Esto no se debe a ineptitud emocional relacionada con las interacciones de la familia del niño. Es simplemente la manera en que el niño nació. Estos niños, así como aquellos con otras discapacidades, necesitan sobre todo que sus madres estén emocionalmente sanas para que ellos puedan tener una buena oportunidad de aprender cómo adaptarse bien al mundo. Su carencia de la disponibilidad emocional es sumamente exigente. Una madre poco saludable perderá la esperanza, se sentirá permanentemente frustrada y dejará de tener la visión del Reino para ese niño.

Criar a un hijo que tiene necesidades especiales es agotador; así que si usted pertenece a esta categoría, no dude en identificar y utilizar el apoyo emocional, educativo y espiritual disponible para usted y su hijo.

Motivadas por su propia salud emocional, las madres intencionales pueden enseñarles a sus hijos cómo ver a los demás con ojos que «piensan». Ya sea que un hijo o hija tiene déficits emocionales o sólo necesitan un buen ejemplo, su responsabilidad es ayudarles a convertirse verdaderamente en adultos maduros y emocionalmente sanos. Ellos serán bendecidos con profundas relaciones duraderas.

# El resultado final

Las madres intencionales reconocen que la maternidad requiere que ellas estén presentes a lo largo de todo el viaje. Cuando las mamás estamos totalmente involucradas en el proceso y rechazamos tener una mentalidad de sobrevivientes, la tarea de desarrollar con éxito y reconocer la inteligencia emocional de nuestros hijos es más fácil. Serán bendecidos cuando les ayudamos a desarrollar la inteligencia emocional. Esto les dará una enorme ventaja para disfrutar de una vida equilibrada, tomar buenas decisiones y tener confianza interna.

La maternidad también requiere que las madres sean sensibles. Cuando una madre es insensible, crea problemas en cuanto a Dios. Sus hijos no aprenderán a ser sensibles a la voz de Dios. Pero cuando una madre le da prioridad al desarrollo emocional de sus hijos; criará personas que pensarán, poseerán conciencia de sí mismas y de otros y tendrán acceso a sus propios corazones; lo cual hará que el trabajo de Dios sea más fácil. Él no tendrá que penetrar un muro para que ellos lo oigan dentro de sus corazones.

Si usted decide criar a un hijo que piensa, sea consciente de que él o ella tal vez crezca pensando de una manera muy diferente de la suya. No deje que esto la asuste; las ventajas superan las desventajas. Los niños que piensan son niños emocionalmente inteligentes, y harán que usted sea una mejor persona; es más probable que tomarán decisiones buenas y rebosarán mayor confianza como adultos.

Algo más importante es que cuando usted invierte tiempo en pensar en la inteligencia emocional, y enseñársela a sus hijos, disfruta de su viaje de la maternidad con mayor satisfacción y agradecimiento. Los momentos de la vida tienen más significado, y experimenta una mayor profundidad en sus relaciones, que la bendecirán y le darán una paz increíble.

Cuando usted críe hijos emocionalmente sanos, va bien por el camino que conduce a la crianza de los hijos sin remordimientos.

## Puntos de fe

*Si llamas a la inteligencia*
*y pides discernimiento;*
*si la buscas como a la plata,*
*como a un tesoro escondido,*
*entonces comprenderás el temor del Señor*
*y hallarás el conocimiento de Dios.*
*Porque el Señor da la sabiduría;*
*conocimiento y ciencia brotan de sus labios.*

Proverbios 2.3–6

Este capítulo nos ha desafiado a pensar antes de que hablemos, y a mirar las diferentes áreas del corazón y el alma de nuestros hijos. Cuando somos intencionales en cuanto al desarrollo emocional de ellos, esto los realzará espiritualmente y conocerán a Dios más profundamente. Lo verán como el Dios sensible y tierno, con quien ellos están seguros.

1. ¿Cómo cree usted que el nivel de expresión emocional de su familia afecta a sus hijos, tanto positiva como negativamente?
2. ¿Cómo podría usted mejorar su propia inteligencia emocional?
3. ¿Cuándo fue la última vez que no «pensó detenidamente» en una situación en la que uno de sus hijos estaba involucrado? ¿Cuál fue el resultado? ¿Cómo podría obtener un resultado diferente la próxima vez?
4. ¿Cómo la enseñanza de la satisfacción demorada puede ayudar a sus hijos a aprender a ser más internamente motivados en la vida?
5. ¿En qué maneras puede estar más presente en las vidas de sus hijos diariamente? Recuerde que cada hijo es diferente, así que cómo usted escoja estar más «presente» con ellos, será diferente para cada uno.
6. ¿Qué es lo que este capítulo le ha ayudado a comprender mejor, y cómo puede ponerlo en práctica hoy?

## Mamás intencionales en acción

1. Reflexione por un momento sobre cómo los errores de usted fueron manejados por sus padres. ¿En que maneras quiere reproducir la forma en que ellos la criaron, cuando su hijo o hija cometan un error? ¿Cómo quisiera hacerlo de diferente manera? Preste atención especial a aquellos recuerdos de las ocasiones en que usted se sintió más respetada y amada en medio de su

desobediencia. Esto le dará una mejor comprensión de cuáles podrían ser las opciones más eficaces para usarlas en la crianza de sus hijos.

2. ¿Cómo maneja usted los errores de sus hijos? Si su hijo o hija tienen más de cinco años, pregúnteles si saben qué es lo que la hace enojar a usted. Asegúrese de escuchar lo que digan, y no esté a la defensiva. Necesita discernir cómo perciben las cuestiones que la enojan. Agradézcales que sean sinceros, y dígales que prestará atención a cómo maneja los momentos difíciles de ellos.

**5**

# El respeto es necesario, pero no la felicidad

Principio 5: Sea intencional en cuanto a
mantener su posición

En los veinticinco años que he sido psicoterapeuta, he observado un cambio en las maneras que las madres les hablan a sus hijos. Una de las experiencias más frecuentes que veo, tanto dentro como fuera de mi oficina, es muy inquietante, y también un buen indicador de futuras dificultades en una familia.

Una situación típica comienza con una madre que quiere que su hijo haga algo simple: que se siente en el sofá, deje de correr dentro de la oficina, recoja un objeto que está tirado en el suelo, etcétera. La madre le dice algo como: «Por favor, siéntate a mi lado en el sofá». Al principio, con una voz amable y suave, le dice al niño que haga lo que le ha pedido.

El niño ignora a la madre, lo que equivale a decir que no va a hacer lo que le dijo. La madre hace la petición otra vez, y todo es en vano. Este intercambio continúa hasta que algo significativo cambia. Ese cambio puede ser tan simple como el tono de voz de la mamá o tan obvio como una imposición física para que haga lo que le pidió que hiciera. Por lo general, para cuando el hijo obedece, muchas cosas han ocurrido. La mayor parte de ellas no son buenas. En la mayoría de las situaciones como ésta, *la madre trata de hacer feliz a su hijo por haberla obedecido.*

¿Entendió esto? Déjeme repetirlo. *La madre trata de hacer feliz a su hijo por haberla obedecido.*

¿Cuán realista es esto? En virtud de la definición de la *obediencia*, los niños tienen, que gustosamente, dejar a un lado su opinión acerca de lo que *ellos* quieren para poder hacer lo que su mamá quiere. ¿Y esperamos nosotras que ellos sean felices en cuanto a eso? Creo que no.

En estas mismas situaciones, al principio la voz de la madre no comunica ningún tono de autoridad. Ella parece sugerir, cuando hace su petición la primera vez, y su rostro refleja preocupación en cuanto a lograr que su hijo pase por esa experiencia con poco daño.

Basado en el nivel de confianza de la voz de su madre, el niño rápidamente descubre que él es quien manda. Y entonces, empieza «a empujar» a la mamá para ver cuán lejos puede llegar con ese jueguito. Cuando la lleva hasta el límite, ella se resiente, se siente fracasada, y se exaspera emocionalmente. ¿Qué es lo que agrava aún más esta situación? Las perspectivas para un futuro mejor son desoladoras. ¡Si sus interacciones son tan malas cuando el niño tiene cuatro o cinco años, es posible que prefiera no estar presente durante los próximos quince años!

Toda esta interacción agotadora es innecesaria en la mayoría de las situaciones relacionadas con la crianza de los hijos. ¿No preferiría usted consumir su energía disfrutando de sus hijos en vez de estar agotada al final del día por el constante tira y afloja con ellos? La interacción pacífica con sus hijos es posible, pero requiere que usted se distancie un poco y considere la dinámica subyacente en sus intercambios.

Claro y simple, si sus hijos no le hacen caso en sus primeros años, olvídese de tener una relación con ellos más tarde. Ellos le perderán el respeto; y la falta de respeto es el beso de la muerte para las relaciones.

En cierta ocasión, vino a verme una mamá con su hija de cuatro años. Quería que la aconsejara. La señora le pidió a su hija que se sentara a su lado pero la niña la ignoró por completo. No tardé mucho en darme cuenta que allí la que mandaba era la niñita. «Esta sesión» me dije, «va a ser como domar a un caballo salvaje». Así que propuse a la mamá que comenzáramos por controlar a su hija. La mamá necesitaba prepararse para el alboroto. Después, le dije a la niña que se sentara al lado de la madre, y luego le expliqué lo que pasaría si decidía no obedecer. Tendría que pararse en un rincón. Cuando no hizo caso, la tomé de la mano y la llevé hasta el rincón. Le expliqué a su mamá que la muchacha tendría que quedarse allí durante cuatro minutos (un minuto por cada año de su edad).

La niña comenzó a dar gritos. La mamá y yo tomamos turnos para estar de pie a su lado en el rincón. La rabieta que le dio a esa niña le duró cuarenta y cinco minutos.

Basado en el estruendo de sus gritos, es probable que afuera de nuestras paredes alguien hubiera pensado que le estábamos dando una tremenda paliza. La verdad, sin embargo, es que simplemente insistimos en que nos obedeciera. No gritamos, sólo estábamos decididas a que tenía que hacer lo que le habíamos dicho. Sencillamente aguantamos más que ella.

¡Y fue de bendición para aquella niñita!

Cuando finalmente permaneció de pie en el rincón durante cuatro minutos, sin luchar contra nosotras, me arrodillé y le dije que estaba orgullosa de que al fin nos había obedecido. Continué diciéndole que yo sabía que ahora siempre obedecería a la primera vez, cuando su mamá le pidiera que hiciera algo.

Después de eso, la niña vino a mí, sorbiéndose las lágrimas, y se echó en mis brazos. Finalmente se sintió segura. Por fin alguien era bastante fuerte como para pasar la prueba y ser un adulto, para que ella pudiera ser una niña.

Nunca tuve ningún problema con esa niña para que me volviera a obedecer. Ese día, su madre también se convirtió en la posición que le correspondía, como madre, para su hija. Aunque tomaría algún tiempo para que lo reconociera y actuara como la madre que su hija necesitaba, finalmente lo logró.

Para ejercer su autoridad, las madres no tienen que ser malas o poco amables. En el primer intercambio, pueden pedirles a los hijos, incluso respetuosamente, que se comporten bien en vez de exigirles que lo hagan. En cualquier caso, los padres necesitan prestar atención a su manera de hablar cuando les den instrucciones. Para que entiendan la seriedad de las indicaciones que se les dan las expresiones faciales deben concordar con las palabras. Ellos se confunden cuando el rostro de la mamá dice una cosa y sus palabras dicen otra. Otra manera en la que se establece la autoridad implica el tono de la voz del padre o de la madre. Con su tono de voz, una madre puede captar la atención de su hijo o hija.

La autoridad también se establece cuando la mamá (también el papá) es consecuente en cuanto a su relación con los hijos. Esto les dice a ellos que la mamá es estable, capaz de ser lo que ellos necesitan; y que se preocupa bastante como para proporcionarles un ambiente donde pueden crecer y aprender. También les dice que ella está más interesada en hacer lo que es correcto para ellos que en hacer lo que es fácil y conveniente. Los padres que entienden su autoridad no abusan de ella ni la manejan mal, sino que la ven como una vía para enseñarles a sus hijos las lecciones importantes de la vida. El hijo o la hija verán positivamente esta clase de crianza intencional (aunque no les guste su decisión en el momento), porque la verán a usted como segura de sí misma y serena en cuanto a la razón por la que hace lo que está haciendo.

Puede ocurrir, sin embargo, que aunque usted esté segura de sí misma y convencida de su decisión en cuanto a la crianza de sus hijos, se preocupe ante la posibilidad de caerles antipática si los obliga a portarse bien. ¿Cuál es mi respuesta? «Ah, bueno, ya se les pasará».

## ¿Cuál es su meta?

Cada uno busca la felicidad de una manera u otra. La felicidad es un estado deseable y algo en lo que invertimos una gran cantidad de tiempo, energía y dinero. El asunto en cuanto a la crianza de los hijos no es si queremos la felicidad, sino cómo la definimos. El otro desafío para la gente, relacionado con alcanzar la felicidad consiste en que ésta le parece diferente a cada persona. El problema es que no entendemos de dónde proviene la felicidad.

Las madres han aceptado un fenómeno cultural que hace a los padres responsables de que sus hijos sean felices. Se sienten agobiadas por la responsabilidad de proporcionarles cada oportunidad posible para que se conviertan en los mejores. Por consiguiente, las mamás ponen al mundo patas arriba tratando de satisfacer cada capricho de sus hijos con el fin de que se sientan felices. ¿Cómo es posible que las madres hagamos esto?

Gastamos el dinero que no tenemos, comprometemos el juicio sensato y minimizamos el mal comportamiento de nuestros hijos para que se mantenga la paz. Todo porque valoramos más hacer que ellos sean felices que enseñarles a obedecer.

Si todo este comportamiento no es para el bien de nuestros hijos, ¿por qué hacen esto las mamás? ¿La necesidad de quién está siendo suplida realmente? ¿La nuestra o la de ellos? ¿Y dónde entra en juego el respeto? Si fracasamos en cuanto a hacer que nuestros hijos sean felices, ¿quiere esto decir que no somos madres buenas? Gracias a Dios el mundo no se acabará porque nuestros hijos experimenten un poco de infelicidad.

Muchas mamás están confundidas en cuanto a su posición. Creen que deberían ser amorosas y amables, que guíen a sus hijos a ser felices. Pero a veces la maternidad requiere decisiones difíciles, que son para el bien de ellos. Y le garantizo que estas decisiones no siempre les harán felices. Cuando esto suceda, no se sienta mal. Usted no es la única. La mayoría de las madres no consiguen ninguna ayuda en cuanto a definir sus prioridades y a entender su posición; les dicen simplemente que ellas lo hagan todo, lo tengan todo y críen al «hijo completo». Se hace tanto énfasis en criar hijos que sean felices, que las madres están confundidas en cuanto a este estado emocional poco realista.

Usted me ha escuchado decir esto antes, pero es necesario que lo diga otra vez: las prioridades de una madre son amar bien a sus hijos, disciplinarlos con imparcialidad, enseñarles la verdad espiritual, animarlos a creer que Dios los creó para ser como Él quiere que sean, proporcionarles oportunidades para desarrollar su predisposición única, y enseñarles su identidad en Cristo. Aunque esto parece imposible, ocurre durante una cronología de poco más de veinte años, un día a la vez.

Note que la *felicidad* no está en la lista.

No estoy diciendo que usted debería criar hijos con el ánimo por los suelos. Sin embargo, debemos distinguir entre una *vida* feliz, que nuestra cultura conduce a la gente a creer que es su derecho, y una vida alegre o pacífica que no depende de cuántas «cosas» tengamos o lo que logremos hacer. La prioridad correcta es enseñarles a nuestros hijos cómo vivir en el momento actual y estar contentos con lo que tengan.

Sabemos que cada madre quiere que sus hijos tengan vidas felices. Cualquier mamá sensata se preocupa si la mayor parte del tiempo su hijo o hija es infeliz. Tiene todo el derecho del mundo a estar preocupada; y es prudente que de manera activa trate de descubrir los problemas que son la base del descontento de sus hijos. El problema surge cuando ella acepta la imagen que nuestra cultura pinta de los hijos felices, una imagen que no proporciona ninguna claridad en cuanto a cómo ocurre esa felicidad. Las madres sienten una inmensa expectativa en cuanto a producir hijos sabios como Einstein, reinas de belleza y atletas olímpicos. Los medios de comunicación nos dicen que las madres extraordinarias están de pie haciendo cola a las tres de la mañana para conseguir que sus hijos entren al mejor jardín de infantes, o están dispuestas a vender sus almas para pagar por clases privadas en un área especializada de estudio. Por consiguiente, las madres se confunden sobre lo que hace «feliz» a un hijo o hija. Aunque quieren la felicidad para ellos, no saben cómo crearla.

El problema no es cómo hacer felices a nuestros hijos. El problema es que las madres han concentrado su atención en la felicidad. Hacemos la pregunta equivocada. La pregunta que nos debemos hacer es: ¿Cuál es la verdadera necesidad de mi hijo en este momento?

Si los hijos no son felices, quizás no se sienten seguros. O, simplemente entendieron que ellos son los que mandan, no la mamá. Entonces gritan para que ella intervenga, y otra vez sea la que mande y ellos puedan ser los hijos.

Piense en esto por un momento. ¿Es usted siempre feliz? ¿Conoce a alguien que realmente es constantemente feliz? Estas personas no existen; entonces, ¿por qué trata de crear lo inalcanzable para sus hijos? Si acepta este modelo de pensamiento, creará un hijo emocionalmente poco saludable y se estará predisponiendo para vivir una vida de culpa y frustración.

Uno de los grandes problemas que hemos creado en cuanto a la crianza de los hijos es la idea de que nuestros hijos serán dañados permanentemente si son infelices, o si las cosas en la vida no son como ellos quieren. Simplemente eso no es cierto. Si un hijo no se sale con la suya, no se va a morir, ni a quedarse permanentemente marcado, o a tener un bajo valor propio. Sin embargo, aprenderá que la vida consiste en hacer concesiones y que él no es el centro del universo las veinticuatro horas, los siete días de la semana. También aprenderá que alguien en su vida lo ama lo suficiente como para enseñarle que cuando le dice «no», o le pide que la obedezca, eso es otra definición del amor.

La felicidad es un estado transitorio; cambia como el viento. Es un sentimiento que todos disfrutamos y abrazamos. A cada uno de nosotros nos gusta la experiencia de ser felices; y es una verdadera bendición ver a nuestros hijos experimentarla. Sin embargo, como la felicidad es momentánea, necesitamos reconocer que no es sostenible en sí misma ni por sí misma. No es un reflejo del valor propio, como lo son la satisfacción, la tranquilidad y la esperanza. Aunque es importante y deseable, la felicidad es un fragmento de la vida; no debe ser nuestra definición de vivir bien.

Así que, si la felicidad no es lo que les trae a nuestros hijos una sensación de verdadero bienestar, ¿entonces qué es?

El respeto. Cuando las madres intencionales crían a sus hijos, deberían desear que el respeto y el amor sean el fundamento sobre el que se construya su relación. Cuando esto sucede en la relación entre la madre y el hijo o la hija, aumenta espectacularmente el potencial de toda la vida para navegar a través de los años posteriores con mayor facilidad y confianza. Mientras más pronto se establezca en la relación el respeto y el amor, más fácil será.

Cuando las madres dejan de preocuparse por hacer felices a sus hijos, y en cambio hacen lo que ellos *necesitan*, descubren la satisfacción y la seguridad. Establecer límites es bueno para los hijos; y es un mayor indicador de futura felicidad que satisfacerlos todo el tiempo. Además de todo eso, los hijos nunca están satisfechos cuando nuestra meta es sólo hacerlos momentáneamente felices.

Si usted ha llevado alguna vez a su hijo de dos o tres años a la tienda de comestibles, sabe lo que quiero decir. A esa edad, les gusta toquetear; quieren todo lo que se ve atractivo. Por lo general, comienzan a tratar de alcanzar las cosas tan pronto como sus pequeños brazos se lo permiten. Cuando van por los pasillos, tratan de agarrar todo lo que ven. Es posible que cuando tal cosa ocurre usted ceda pensando que si les da algo estarán satisfechos.

Sin embargo, como la capacidad de concentración de ellos es tan breve, se les puede entretener sólo por unos minutos, hasta que pasan cerca de algo más emocionante. Entonces se olvidan de lo que tienen en las manos y comienzan a intentar agarrar otra cosa. El juego continúa hasta que una de dos cosas sucede: (1) o les da todo lo que tratan de agarrar, y sale de la tienda con cosas que ni usted ni ellos necesitan; o (2) les enseña el concepto de la palabra: «No».

Hacer a un hijo feliz no significa que él cooperará con usted, como lo indica el ejemplo al comienzo de este capítulo. Sin embargo, enseñarles límites crea el respeto a la autoridad y les enseña a valorar y a apreciar realmente lo que tienen. Por medio de los límites, los niños aprenden que la felicidad no tiene que ver con lo que poseen, sino que es más bien un estado de ánimo contento, que les da significado y seguridad a sus vidas.

Una madre intencional reconoce que la meta de ella para sus hijos es la seguridad a largo plazo y el desarrollo de personas sanas, seguras de sí mismas. Entiende que el respeto, cuando se lo enseña a su hijo a lo largo de todo el camino, tiene ventajas a largo plazo para el niño tanto como para su relación con mamá.

## Escuche a sus hijos

En la cultura estadounidense de hoy muchos niños pertenecen a dos categorías principales: aquellos a los que se les enseña que son el centro del universo, y aquellos a los que se les deja que se críen emocionalmente como quieran. Una categoría más pequeña y menos practicada proviene de niños con madres intencionales. La esperanza radica en estas mamás.

La madre que reconoce que el respeto comienza en la infancia, experimentará dividendos enormes con sus hijos. Esos hijos saben cuándo la madre les escucha y los toma en serio. Se sentirán honrados porque su mamá toma tiempo para mirarles a los ojos y prestar atención a sus preguntas. Su valor propio aumentará al saber que su madre siempre creerá lo que ellos digan, a menos que hayan dado alguna razón para que no les crea.

*Las madres intencionales deben comprender el concepto de que antes que puedan recibir el respeto de sus hijos, ellas se lo tienen que dar a ellos. Si les damos respeto a nuestros hijos cuando son pequeños, ellos nos lo darán cuando sean grandes.*

¿Se ha fijado que la mayoría de los adultos cree en la palabra de otro adulto antes de creer en la de su hijo? ¿Por qué es esto? ¿Qué sucede a lo largo del viaje que nos hace desconfiar de lo que nuestros hijos nos digan?

Cuando mi hija tenía once o doce años, LeAnn, una mujer agradable y amable, entró en la vida de nuestra familia. Ser parte de una familia involucrada en un ministerio brinda la oportunidad de tener experiencias con una gran cantidad de personas a lo largo del viaje de la vida, muchas de las cuales nos enseñan lecciones valiosas. LeAnn se convirtió en una de esas lecciones.

LeAnn era maestra de escuela dominical en nuestra iglesia. Estaba casada, amaba a los niños y a los animales y se comportaba de una manera suave y dulce. LeAnn también había sido víctima de abuso severo cuando niña, lo que le había causado una seria confusión de los límites. Yo conocía su historia bastante bien, pero también sabía que ella se esforzaba diligentemente para entender sus problemas.

Nuestra familia llegó a amarla y también a su esposo; ellos, a su vez, querían mucho a nuestros hijos. Tiffany, mi hija dócil y fácil, era siempre sensible y cortés con ella. Sin embargo, a medida que pasaba el tiempo, me di cuenta de que Tiffany se ponía cada vez más incómoda con LeAnn.

Al principio, la animé a que cortésmente le hiciera saber a LeAnn de su incomodidad. Le ofrecí estar presente cuando ella le dijera a nuestra amiga cómo se sentía. También fui a LeAnn en varias ocasiones para expresarle mis preocupaciones por sus violaciones de los límites emocionales y la falta de respeto para el espacio de Tiffany. Ella pedía demasiado de Tiffany, y las cosas finalmente se agravaron.

Mi hija, siempre paciente, finalmente vino desesperada, y me dijo: «Mamá, amo a la señora LeAnn, pero no puedo tratar con ella. Sé que sus intenciones son buenas, pero simplemente necesito que permanezca fuera de mi vida porque parece que no puede oírme cuando le digo cómo me siento. No quiero herir sus sentimientos, mamá, pero no puedo tratar con ella ».

Yo sabía que si Tiffany me pedía algo así, era muy importante que respondiera a su petición.

Me di cuenta que tendría que decirle a LeAnn que ella y su esposo no visitaran nuestra casa por un tiempo, y que eso la disgustaría. También sabía que esa petición era difícil para mi hija. Ella nunca me había pedido algo así, pero la conocía bastante bien como para saber que necesitaba prestar atención a la necesidad de su corazón. Así es que le dije a LeAnn que, por un tiempo, ella y su esposo no podrían seguir siendo parte de nuestro círculo de personas más allegadas y que yo ponía este límite por respeto a mi hija.

Esa ruptura fue incómoda para LeAnn, quien se puso muy triste al darse cuenta de que se había descuidado al no prestar atención a las necesidades y los límites de Tiffany. Con el tiempo, todas miramos hacia atrás, a esta experiencia, y nos dimos cuenta que, como resultado, habíamos crecido. Esta experiencia duró casi dos años, pero durante ese tiempo, Dios realizó una curación asombrosa en la vida de LeAnn.

Para Tiffany y para mí, ésa fue otra oportunidad para que Dios profundizara nuestro vínculo. Ella sabía que yo la había escuchado y que había puesto en primer lugar, como correspondía, sus necesidades en vez de las de los adultos en nuestras vidas. Estoy contenta de decir que la temporada de distancia entre Tiffany y LeAnn dio como resultado una solución sana, y hoy ellas disfrutan de una relación agradable y significativa.

Con demasiada frecuencia, a la voz de un niño o de un adolescente no se les presta la debida atención, porque de alguna manera pensamos que es inadecuado escoger los pensamientos y las interpretaciones de nuestro hijo o hija por encima de los de un adulto. No quiero decir que nuestros hijos siempre debieran dictaminar en las decisiones entre otro adulto y ellos. Sin embargo, la experiencia, nuestra historia con otras personas, y Dios, revelarán cómo deberíamos proceder en esos momentos. Incluso si usted cree las interpretaciones de un adulto en cuanto a un acontecimiento o experiencia, eso no significa que su niño o adolescente no merezcan sentirse respetados porque les escuchamos.

Hace poco aconsejé a varios muchachos que se habían metido en problemas en la escuela. Estaban enojados con el ayudante del director, pero por motivos que tal vez uno no esperaría. Los muchachos me dijeron que nunca tuvieron la oportunidad de explicar por qué habían hecho lo que hicieron. Ellos estaban más que dispuestos a sufrir el castigo, pero su enojo y su frustración fueron resultado de no tener una oportunidad para que los escucharan. Eso fue una falta de respeto.

A veces los padres deben luchar por el honor y el respeto de sus hijos. Cuando ellos saben que usted los toma en serio, esto profundiza su confianza en sí mismos. Eso, estimada madre, es la creación de una persona sana. El respeto crea confianza, y la confianza produce respeto.

*Las madres intencionales reconocen que los primeros años de la vida de un hijo afectan su relación con él más tarde. Una madre intencional entiende que mantener el respeto como una prioridad, le será muy útil cuando los problemas y los desafíos de él se vuelvan más complicados. Incluso si su hijo es mayor, nunca es demasiado tarde para que el respeto comience y la esperanza regrese.*

Si usted respeta a sus hijos cuando son jóvenes, ellos la respetarán cuando sean mayores. Ese respeto es equivalente a la franqueza, a la honestidad y a la vulnerabilidad.

La sumisión se puede ordenar. La obediencia se puede exigir. El respeto se debe ganar.

## Cómo ganar el respeto

Una manera en la que las mamás ganan el respeto es estando dispuestas a escuchar a sus hijos; no importa la conversación, no importa las preguntas que ellos tengan. Cada madre que conozco quiere ser la persona a la que su hijo o hija vayan con las preguntas difíciles de la vida.

Desde una perspectiva clínica, para cuando cumplan diez años los hijos han aprendido cuán bien sus madres pueden manejar sus preguntas. No se trata de que ellos lleven un registro de todas las diferentes preguntas o declaraciones que hicieron y rastreen meticulosamente las respuestas. Han observado ya las respuestas de sus madres a problemas menos amenazantes, y se dicen a sí mismos: *Si mamá no puede manejar* eso, *entonces no hay absolutamente ninguna manera en la que pueda hacerlo con* esto otro. Han deducido de la larga cuenta de sus experiencias anteriores que las preguntas «grandes» llevarán a la mamá al límite. Así que, ¿qué hacen? Se quedan callados. Y usted se encuentra en peor situación, porque ahora hay una sección entera de su mundo que ocultan de la única persona en la que los hijos necesitan confiar más que en ninguna otra. El impacto a largo plazo que esto causa puede ser muy perjudicial.

¿Qué mensaje les envía? Si sus hijos no pueden hacerle las preguntas difíciles, quizás necesita examinar si mantiene el asunto del respeto en su relación con él o ella.

Me enteré de un muchacho de catorce años que estaba en el auto con su madre, yendo de la escuela a su casa. En el viaje, el muchacho preguntó: «Mamá, ¿cómo tiene una mujer un orgasmo?». Felizmente para este muchacho, su mamá rara vez se sorprendía por sus preguntas difíciles, porque las había hecho toda su vida. Sin embargo, le acababa de hacer la más difícil de todas hasta ese momento.

La madre contestó su pregunta con tanta sinceridad como pudo, en una manera que pensó que él podría entender. Luego le preguntó si había entendido lo que le había explicado, y él dijo que creía que sí. Cuando ella le preguntó si tenía más preguntas, le contestó que en ese momento no tenía ninguna otra.

Mientras la madre continuaba manejando, se quedó absorta en sus pensamientos hasta que su hijo le dijo: «¡Gracias, mamá!». Como ella no pensaba en la conversación anterior (se le había olvidado bastante rápido), la madre contestó: «¿Por qué?» El muchacho le dijo inmediatamente: «Ni siquiera pestañeaste cuando te hice la pregunta».

Claramente esta madre había establecido una relación de respeto con su hijo, por lo tanto él sabía que podía hacerle cualquier pregunta. Ella no se puso a interrogarlo con una actitud de juicio, preguntándose por qué él quería saber la respuesta a esa pregunta. Conocía a su hijo y respetaba su mutua relación. Él conocía a su mamá y confiaba en que ella lo tomaría en serio. Años más tarde, este hijo y sus padres todavía podían hablar abierta y directamente de muchos temas difíciles.

¿No es ése el corazón de cada madre?

Recuerde que nunca es tarde para comenzar a demostrar respeto hacia sus hijos. Incluso si usted tuvo un comienzo incierto durante la infancia de ellos y sus años de adolescencia; la realidad de una madre que respeta a su hijo adulto es una poderosa experiencia sanadora. El respeto a un hijo adulto, le dice a él o a ella: «Te respeto, sin tener en cuenta en qué etapa de tu vida te encuentres». Algunos de los momentos más importantes en mi propia vida han sido aquellos cuando mi madre me ha mostrado respeto como adulta.

La decisión de impartir educación escolar en casa a mi hijo fue difícil. Yo me encontraba en medio de mi carrera como terapeuta; no estaba preparada en absoluto para que Dios me guiara por un camino inesperado; sin embargo, como usted tal vez sepa, Dios se preocupa por nuestra conveniencia. Él estaba preocupado por lo que era para el bien de Taylor en aquel momento.

Mi ansiedad sobre la educación escolar en casa abarcaba varios asuntos. En primer lugar, alguien que me conociera nunca me hubiera puesto la etiqueta de «madre educadora en casa». Yo no era el tipo. Las grandes madres de la educación en casa que yo conocía eran una mezcla del señor Rogers y Martha Stewart. Ellos fueron muy talentosos en cuanto a todo lo que contribuyó a que el aprendizaje fuera divertido, con mucha paciencia encima.

En segundo lugar, me preocupaba el ser la responsable por los logros académicos de Taylor. La idea de que su aprendizaje descansaba sobre mis hombros era abrumadora. Si él no aprendía todo lo que se suponía que debería aprender, yo sería la responsable. Simplemente no quería echarlo a perder a él para toda la vida.

En tercer lugar, y éste probablemente haya sido el mayor desafío para mí en un nivel personal, estaba mi ansiedad en cuanto a comunicarle la decisión a mi madre. Cuando ella era joven, fue maestra de escuela pública, y luego llegó a ser directora de niños físicamente discapacitados. Estaba preparándose para obtener su doctorado en educación cuando yo estaba tomando esta decisión sobre la educación escolar en casa. Aunque nunca pasaríamos mucho tiempo hablando del tema, yo no estaba segura de cómo ella reaccionaría. Mi madre creía firmemente en la educación; y como madre y abuela, expuso a sus hijos y nietos a muchas oportunidades educativas.

Cuando la llamé, me sentía un poco nerviosa. Aunque yo era también una persona segura de mí misma, estaba metiéndome en su territorio, y confiaba enormemente en su opinión. Agarré el teléfono, y seguí adelante para comunicarle la reciente serie de acontecimientos que me condujeron a tomar mi decisión sobre la educación en casa. Entonces silenciosamente esperé su respuesta.

«Cathy», dijo, «tú eres una excelente madre. Si esto es lo que piensas que es mejor para Taylor, entonces creo que es una gran decisión. ¡Sólo hazme saber cómo puedo ayudarte!»

Aquel fue uno de los momentos más importantes de mi vida.

Su comentario apoyó tanto mi maternidad como mi corazón por mi hijo. Sus palabras me dijeron que ella creía en mí por completo. Mi madre creyó en mí. Realmente ése es uno de los más grandes regalos que he recibido en mi vida.

Aunque estaba de acuerdo con su carácter y nuestra relación que mi madre confiara en mí, para ella fue muy importante apoyarme como madre en una decisión tan significativa. No permitió que su propia experiencia o sus antecedentes interfirieran en lo que era para el bien de Taylor o en la decisión que yo había tomado. Su respeto le impartió a una joven madre la confianza para seguir adelante en un mundo que le era desconocido.

Los niños desean respetar a sus mamás. Un muchacho quiere estar orgulloso de su mamá y saber que ella se siente bien en su papel como madre. Una muchacha quiere poder hablar con la mamá, y saber que ella reconoce que ser una madre significa ser una *madre*, no su amiga. Ellas desean que la mamá *establezca límites, haga cumplir las reglas y tome decisiones difíciles.*

Aquí tengo un gran ejemplo. Por varios años, fui orientadora vocacional de tiempo parcial en una escuela cristiana privada. Durante mi último año, enseñé una clase de religión una vez por semana para estudiantes de octavo grado. Como mi hija estaba en esa clase, tuve la oportunidad de conocer bastante bien a las otras muchachas y a sus familias. Yo tenía una visión muy cercana para comprender a algunas de las muchachas, su comportamiento, sus actitudes y también sus corazones.

Un día, en la preparación para una enseñanza sobre el amor incondicional, pedí a los estudiantes que anotaran todas las cosas que les gustaban de sus padres en un lado del pizarrón, y todas las cosas que no les gustaban en el otro lado. Sobre todo tenía curiosidad por ver las respuestas de las dos muchachas más populares. A principios del año me había dado cuenta que ellas eran las líderes de la clase. Eran extrovertidas e influyentes. Ambas eran inteligentes y atléticas. Aunque antes cada una de ellas había luchado con las reglas durante el año escolar, parecía que las dos estaban por terminar el octavo grado en buenas condiciones.

Según el ejercicio fue avanzando, las dos muchachas estaban en los extremos opuestos del pizarrón, anotando lo que les gustaba y lo que no les gustaba. Con tantos estudiantes entre ellas, les era imposible ver lo que la otra había anotado. En realidad, sus listas tenían pocas semejanzas. Pero había un denominador común que saltaba a la vista. Ambas muchachas de catorce años escribieron: «Quisiera que mi mamá fuera mi madre en vez de ser mi amiga».

Vayamos rápidamente a dos meses antes del banquete atlético al final del año escolar. Éste era uno de los pocos eventos en que las muchachas se ponían otra ropa que no fuera sus uniformes. También era un tiempo que algunos de los maestros y los consejeros esperábamos con ansiedad, porque muchos de los vestidos y faldas parecían un poco cortos. A pesar de la amonestación en cuanto a vestirse apropiadamente, algunas muchachas tenían que poner a prueba los límites.

Mientras yo estaba sentada a una de las mesas, esperando a que el evento comenzara, una de las dos muchachas se me acercó. «Señora Hickem» me dijo, «¿es demasiado corto mi vestido?» Le pedí que se diera vuelta para poder verla mejor. «No, Beth» le contesté, «es una preciosidad. Te ves maravillosa. ¡Está perfecto de largo!» Una sonrisa se asomó a su rostro, y se sintió aliviada. Me dio las gracias, regresó a su mesa, y se sentó al lado de su mamá.

Surge la pregunta: «¿Por qué no le preguntó a su mamá, ya que estaba con ella en el banquete?»

La respuesta estaba escrita en el pizarrón del aula dos meses antes. Su madre había sido su amiga en vez de su mamá; y Beth se había dado cuenta de que no podía contar con ella para que actuara como una madre o le estableciera los límites y la dirección que necesitaba. Su madre se había arraigado en ella como su igual, no como una autoridad a la que respetaba. Por lo tanto, Beth recurrió a una persona a la que no conocía bien pero respetada, para recibir la bendición que realmente quería de su propia madre. No se trataba de que yo fuera tan especial. Simplemente era que yo me sentía bien en el papel adecuado para mí.

Los adolescentes desean tener alguien en su vida a quien respetar y en quien confiar; alguien que *sabe* cuál es su papel en la vida de ellos. Necesitan que ocupemos el lugar que nos corresponde, para poder recurrir a nosotras en cualquier momento. No necesitan a otra amiga. Quieren que nosotras seamos sus *madres*. Esperan que seamos firmes en nuestra posición maternal, sin tener en cuenta si están contentos con nuestras decisiones. En pocas palabras, quieren que nosotras hagamos nuestra labor.

Nuestros niños y adolescentes quieren que mostremos confianza. Interiorizarán nuestra firmeza cuando ven que realmente creemos en nuestro papel como sus madres. Aunque tal vez no estén de acuerdo o no entiendan, realmente respetarán la posición que asumamos porque defendemos algo, y a *alguien* en quien creemos.

Cuando usted es intencional en cuanto a ser la madre de sus hijos, no siempre les gustará a ellos. Pero puede estar segura de que no la respetarán si es su amiga. Ellos pueden superar que usted no les guste. Sólo deles unos minutos o unas horas. Pero el respeto es un asunto para siempre. Toma toda una vida construirlo, pero sólo minutos para destruirlo.

## Todo tiene que ver con la comunicación

El denominador más común en cuanto a aprender a impartir respeto es lo que expresamos y nuestra forma de hacerlo. Esta parte se vuelve un poco penosa.

Seamos sinceras. ¿No se ha encontrado usted hablando con sus hijos de una manera en la que nunca lo haría con un adulto? Si ellos tienen menos de dos años de edad, puede que no sea muy importante. ¡Venga a verme dentro de diez años, y dígame si usted ha pasado por la maternidad sin tener que aumentar el volumen de su voz!

Una de las maneras más grandes en que dejamos de comunicar respeto a nuestros hijos es cómo hablamos con ellos, sobre todo con nuestros adolescentes. Nuestra voz es poderosa; y dice más que las palabras: comunica nuestra actitud. Revela nuestro corazón. Crea muros o puentes, todo tiene que ver *con la manera* que decimos lo que debemos decir.

Incluso, aunque tuviéramos razón, necesitamos reconocer que cómo comunicamos nuestro mensaje es fundamental para la receptividad de nuestros hijos a lo que procuramos decirles. Si invertimos la situación, nuestros oídos se cierran cuando otros nos hablan con una actitud de sarcasmo o desdén.

¿Alguna vez se ha escuchado usted a sí misma? ¿Se atrevería a dejarse grabar mientras habla con sus hijos de algo con lo que ustedes están en conflicto? Si no es así, entonces usted sabe la verdad acerca de sí misma.

Confieso que el volumen de mi voz a veces ha sido bastante alto. He saltado de rama en rama como Tarzán. Soy culpable de reaccionar en vez de actuar; y tengo la impresión de que no soy la única mamá que puede decir esto.

A veces mi hijo, cuando era un adolescente, me decía: «Mamá, cuando te calmes, podemos terminar nuestra conversación ¿ya?». Eso me ponía aun más enojada porque me daba cuenta que él actuaba como si fuera más maduro que yo, y me daba cuenta de que él lo sabía. Mi exasperación con su lógica (o la carencia de ésta) a menudo me llevaba al límite. Y en el momento que eso pasaba, mi eficacia como madre salía volando por la ventana. Yo siempre causaba una buena impresión cuando me controlaba como adulta.

También descubrí que el tono de mi voz era revelador. Si yo era sarcástica, cortante, o impaciente, eso llevaba el nivel de la conversación a otro nivel de intensidad, y por lo general la situación empeoraba. En vez de calmar las cosas, yo podía exacerbar el problema. Independientemente de si tenía razón para establecer mis límites, hacer cumplir mis reglas, o definir mis expectativas, podía invalidarlo todo por la manera en que lo decía.

Mi lenguaje corporal, mi tono y la forma de mirar todo comunica mi respeto o la falta de respeto por mis hijos. Si quiero ser una madre intencional y quiero que mi mensaje sea eficaz sin importar cuál es en ese momento, debo darme cuenta de que tendré un mayor impacto cuando lo comunique con todo lo necesario.

1. Mi corazón necesita revelarse en mi voz.
2. Mi respeto necesita hacerse evidente en cómo uso mi cuerpo para comunicarme.
3. Mis ojos necesitan decir: *¡No me gusta tener que hacer esto, pero lo hago porque te amo!*

Como fundamento de todo esto, se llama a las madres intencionales a crear una atmósfera segura donde las opiniones se puedan expresar y se les preste atención, los sentimientos se puedan compartir, y el conflicto se resuelva. Esos procesos nunca tendrán lugar en un hogar donde el respeto no es un estilo de vida.

Nuestros hijos tal vez sean o no sean felices; pero serán saludables si mantenemos nuestra posición en la manera que los respetamos y vivimos respetuosamente delante de ellos. Cuando no perdemos de vista el panorama completo de lo que es correcto para nuestros hijos, y nos preocupamos menos en cuanto a recibir su aprobación, nos convertimos en la clase de madres que no tenemos ningún remordimiento al mirar hacia atrás a las vidas de nuestros hijos.

Las madres intencionales saben que al permanecer concentradas en la prioridad apropiada, aseguran que sus hijos recibirán la mejor y más grande de las bendiciones de Dios.

## Puntos de fe

Pero si alguien hace pecar a uno de estos pequeños que creen en mí, más le valdría que le colgaran al cuello una gran piedra de molino y lo hundieran en lo profundo del mar.

Mateo 18.6

Sé lo que es vivir en la pobreza, y lo que es vivir en la abundancia. He aprendido a vivir en todas y cada una de las circunstancias, tanto a quedar saciado como a pasar hambre, a tener de sobra como a sufrir escasez.

Filipenses 4.12

Dios nos ha dado una tremenda responsabilidad en cuanto a la crianza de los hijos. Parte de esa responsabilidad es guiarlos a aprender cómo estar contentos y llevar vidas de rectitud. Si nosotras realizamos nuestra labor bien, les inculcaremos límites sanos, así como un entendimiento apropiado de respeto hacia otros y también hacia ellos mismos. A medida que los criamos, nuestros hijos no sólo escuchan lo que decimos, sino se dan cuenta cómo lo decimos. Aún más que esto, miran cómo reaccionamos a la gente y a las circunstancias. Nuestro ejemplo les enseñará cómo vivir bien, estar satisfechos, amar y respetar a Dios y a otras personas; o no les enseñará nada de esto.

1. ¿Qué diferencia hay entre satisfacción y felicidad?
2. ¿Cómo les muestra respeto a sus hijos? ¿Cómo ellos le muestran respeto a usted?
3. ¿Cuándo fue la última vez que realmente escuchó a su hijo o hija? ¿Qué sucedió?
4. Escúchese a usted misma la próxima vez que hable con sus hijos. ¿Qué tono de voz usó? ¿La manera en que les habló parecía respetuosa o no?
5. ¿Qué es lo que este capítulo le ha ayudado a comprender mejor, y cómo puede ponerlo en práctica hoy?

## Mamás intencionales en acción

1. Tómese unos minutos para reflexionar sobre lo que le molesta en cuanto a que sus hijos sean infelices. ¿Qué significa esto para usted? ¿Permite que la emoción invalide lo que es para el bien de ellos? Tómese un tiempo para reflexionar sobre lo que la motiva a tomar decisiones: ¿la felicidad o el respeto de ellos?
2. La confianza se construye con sus hijos cuando ellos saben que usted se siente bien al tomar decisiones difíciles. ¿Cuáles fueron las tres últimas decisiones difíciles que hizo como mamá? ¿Cuáles podrían ser las implicaciones si usted no las hubiere hecho? (Esta pregunta pudiera no estar relacionada con un hijo que tiene menos de dos años).

# 6

# La diferencia entre el control y la intención

**Principio 6:** Sea intencional en cuanto a enfrentarse a sus temores

En el otoño de 2006, un comunicado de prensa propagó por todo el mundo a través de la radio, la televisión y la Internet la noticia de que unos padres habían secuestrado a su hija adulta el día antes de su boda. Le habían dicho a la hija que querían pasar ese día con ella, recoger su traje de novia y llevarla a almorzar. En vez de eso, la llevaron en su auto a un lugar que se encontraba a cinco horas de distancia de la ciudad donde debía casarse, cruzaron fronteras estatales, impidiéndole intencionalmente que estuviera en su propia boda. Los padres, Lemuel y Julia Redd, estaban enojados porque no habían contado con ellos para la planificación de la boda, y sentían como que la hija había cambiado drásticamente desde que había conocido a su futuro esposo. Desde su perspectiva, ellos simplemente querían hablar con ella y ser una parte de su vida. Desde la perspectiva de la hija, se trataba de cualquier cosa menos amor.

Todo porque no querían que ella se casara con su novio. Todo porque no confiaban en ella. ¡Todo debido a una palabra que se deletrea C-O-N-T-R-O-L!

El control es un problema enorme en nuestra cultura, incluyendo iglesia, trabajo y familia. Nuestra naturaleza humana nos lleva a procurar controlar tanto de nuestras vidas y relaciones como sea posible. Con tantas cosas que están fuera de control en el mundo, no es de extrañar que los padres intenten proteger a sus hijos controlando, tanto como puedan lo que esté alrededor de ellos.

El problema es que, por lo general, el control se vuelve menos en cuanto a la protección y más en cuanto al poder. Entonces la vida puede comenzar a girar fuera de control.

¿Ha estado alguna vez en un juego de béisbol de las Pequeñas Ligas en el que los padres pierden el control? Les gritan a los árbitros, critican a los entrenadores y obligan a sus hijos a jugar mejor. Su comportamiento es desagradable, y es un ejemplo frustrante y malo de la edad adulta. Claramente, muchas de estas mamás y papás tienen problemas que no han resuelto, y los proyectan en sus hijos. Es un espectáculo triste y patético.

Pero antes de que nos volvamos demasiado críticos de los padres descontrolados, necesitamos dirigir nuestra atención a los padres controladores.

A diferencia de los papás que pierden el control en el campo de béisbol, algunas madres procuran controlar quitando de en medio todo lo que pudiera impedir que el hijo o la hija tengan, sean, consigan o alcancen lo que está incluido en la definición que han hecho del éxito de ellos. Las «reinas controladoras» pueden socavar por completo el deseo bienintencionado de sus corazones en cuanto a sus hijos.

El concepto del control tiene que ver, por lo general, con el sentido de dependencia que se desarrolla en una persona cuando es niño o niña, si su ambiente se siente emocionalmente inseguro. Un niño puede sentirse vulnerable en muchas maneras diferentes, y hasta en familias donde usted menos lo esperaría.

Crecer en un hogar donde los adultos son imprevisibles, necesitados, adictivos o inestables, le envía un mensaje al niño que le dice que nadie está al mando. El resultado de tal ambiente es un hijo que se siente inadecuado y ansioso. Para compensar, el niño busca cualquier medio posible de calmar la confusión interior, controlar la representación, el retraimiento, la regresión o la sobrecompensación.

Los hijos criados por padres controladores rápidamente aprenden cuáles son los botones que hay que tocar para originar una reacción de la madre o el padre; entonces consumen una tremenda energía tratando de evitar presionar esos botones. En vez de ser simplemente niños, se pasan tanto tiempo desarrollando comportamientos elusivos para sus mentes y vidas que crecen demasiado rápidamente. Este patrón de crecimiento desconectado crea un niño que en algún sitio a lo largo del camino va a experimentar consecuencias en su desarrollo emocional. La confianza en otros, la capacidad de confiar en su propio juicio o en sus instintos, la confianza en sí mismo y su perspectiva de la vida pueden ser afectados cuando un hijo proviene de un hogar con la vida controlada.

El control también se manifiesta en familias donde la aprobación es primordial y la inseguridad es normal. Esto se vuelve una fuerza impulsora cuando una madre reacciona a las opiniones de otros en cuanto a sus hijos, en vez de confiar en sus propias opiniones. Esas mamás son dirigidas por una adicción a la aprobación, dejando el bienestar de sus hijos en las manos de extraños, en vez de al cuidado de quien los conoce mejor.

Hace poco me encontré con una madre que lucha profundamente con cuestiones de control. La mayor manifestación de este problema es que ella estará dispuesta a hacer lo que sea con tal de complacer a sus amigas o a los maestros de sus hijos. Tiene instintos realmente buenos, pero ella misma creció en un hogar controlador. Por consiguiente, aprendió dos comportamientos defensivos: el perfeccionismo y la necesidad de aprobación.

Cuando ella y su esposo llegaron a mi oficina, toda la familia estaba en un estado de confusión. El matrimonio era malo, los niños estaban por completo fuera de control, y el caos reinaba por todas partes. Pensé que era importante que a una hija se le hicieran algunos exámenes porque manifestaba algunos problemas graves de comportamiento. Quise excluir cualquier trastorno biológico o problemas de aprendizaje antes de que procediéramos. Los resultados de los exámenes claramente indicaron varios factores que necesitábamos considerar.

En primer lugar, la niña tenía un coeficiente intelectual de casi 140, cerca del nivel de un genio. Y en segundo lugar, aunque las pruebas revelaron algunas áreas preocupantes, nada indicaba que debería comportarse tan extremadamente fuera de control. Mi conclusión era que había aprendido a responder al ambiente controlador en el cual la estaban criando.

Cuando investigué la historia familiar de los padres, rápidamente se hizo obvio que el mayor obstáculo a la paz y la armonía en esta familia era el problema del control. La mamá y el papá provenían de familias en las que era imposible que llegaran a un acuerdo sobre sus expectativas; pero la aprobación era su prioridad más alta. La ideación rígida en cuanto a los niños afectaba aún más su capacidad para ocuparse de las necesidades de sus propios hijos, por eso el comportamiento descontrolado de la niña.

La gente convertirá la ansiedad en control porque es una manera externa para calmar el caos interno. El control proporciona una falsa sensación de seguridad porque las personas creen que si controlan las variables en una situación específica, el mundo será un lugar seguro y maravilloso. Por supuesto, ésa es una ilusión, pero la mayoría de la gente la ha aceptado. Esto es sobre todo cierto en cuanto a las madres.

La mayoría de las madres luchan con el problema del control; sin embargo, están a menudo inconscientes de ello. Se ven a sí mismas como simplemente enérgicas en cuanto a influir en el resultado de las vidas de sus hijos. Quieren ver suplidas las necesidades de ellos. Desean verlos felices y exitosos. Para una mamá como ésta, el problema es su metodología, no su corazón.

Por lo general, una madre controladora ama a sus hijos. Los motivos de ella son puros y su deseo es bendecirlos. La desventaja es que procura controlar los resultados en vez de modelarles y enseñarles lo que necesitan aprender. Hay una manera mejor y más sana para que la madre críe a sus hijos sin todos los efectos secundarios negativos del control. Esto comienza al saber la diferencia entre una madre controladora y una madre intencional.

## ¿Temor o fe?

Las madres controladoras basan su comportamiento en el temor. Toman decisiones por temor, y viven con las eternas preguntas de «y qué si . . . ». Criar a los hijos de esta manera crea en ellos un ambiente constante de ansiedad y estrés. Vivir con temor hace que las madres pierdan la confianza, vean reducidas sus energías lo que las deja con un vacío que no se puede llenar.

El temor es una característica terrible para transmitir a los hijos. Como los niños son tan sensoriales, sobre todo cuando son pequeños, conocen bien a la madre. Pueden percibir el temor en su rostro, en su voz y en su comportamiento. Saben si la mamá tiene dudas acerca de dejarlos con una nueva niñera. Sienten cuando ella está preocupada por su comportamiento en la escuela. Reconocen las señales de miedo, incluso antes de que ellos puedan comunicarlo.

Cuando mi hija Tiffany nació, mi esposo Neil era el pastor principal de una iglesia. Siendo aun una bebé rápidamente se conectó conmigo emocionalmente. Debido a que su papi era el pastor los miembros de la congregación la amaban; sentían como si nuestros hijos fueran suyos.

Me sentía incómoda cuando veía cómo se pasaban a mi hija de brazos en brazos. No creía que eso fuera para el bien de ella. A diferencia de mi hijo, para quien jamás alguien era un desconocido, Tiffany era completamente selectiva acerca de las personas que la abrazaban.

Mientras observaba a mi hija, noté que no se acercaba a las personas con quienes me sentía incómoda. Ella sólo tenía varios meses de edad, así que era imposible que entendiera algo de lo que yo le dijera. Simplemente sentía mi incomodidad y reaccionaba consecuentemente.

Una mamá, si permanece en un patrón dominante de control de la vida luchará con el miedo en su corazón a lo largo de todo su viaje de la maternidad. Se imaginará rápidamente lo peor y hará lo indecible con el fin de tener planes de respaldo para cada posible consecuencia.

El temor puede dañar a cualquier tipo de hijo, pero ciertos tipos de personalidad son profundamente marcados por una mamá basada en el miedo. Cuando el miedo predomina, la esperanza disminuye, y eso es lamentable para cualquier niño.

Las madres intencionales se liberan de un estilo de vida basado en el miedo porque deciden vivir por fe. Abrazan un sentido de propósito y la anticipación de las bendiciones de Dios en las vidas de sus hijos. Aunque reconocen los desafíos que tienen por delante, los ven no como obstáculos que deben controlar sino como oportunidades para ver la obra de Dios, porque saben que Dios es más grande que cualquier dificultad que sus hijos encuentren en el camino.

Cuando una madre vive intencionalmente, toma decisiones en vez de ser una víctima. Rechaza atribuirles a las personas demasiado poder porque sabe que el miedo conduce por un camino caracterizado por la angustia y la frustración. Cree que «Dios dispone todas las cosas para el bien de quienes lo aman» (Romanos 8.28) y que probablemente su mayor obstáculo para la victoria sea ella misma, no sus hijos.

Una madre que quiere vivir una vida basada en la fe, en vez de una vida de control, necesitará tomar un momento para examinar su viaje a través de la infancia. Recuerde que hay sólo dos motivos para alguna vez mirar hacia atrás: (1) para recordar la fidelidad de Dios y (2) para aprender del pasado. Cuando una mamá mira hacia atrás con el propósito de ver cómo Dios ha obrado en su vida, tal vez no siempre sea consciente de las muchas veces que Dios intervino en su vida y la cambió de alguna manera. Si su camino estuvo lleno de amor, oportunidades, amigos y recuerdos significativos, ella es bendecida y debe ser agradecida. Si su vida ha estado llena de dificultades, entonces necesitará tomar algún tiempo para reflexionar en las lecciones que aprendió de esas experiencias. ¿Cómo la afectaron? ¿Qué hace ella de manera muy diferente, como resultado de esas lecciones dolorosas de la vida? Hacer estas preguntas, a menudo proporciona comprensión de cómo esos desafíos y sufrimientos de su vida, no fueron desperdiciados. Y saber que no sólo sobrevivió a su adversidad sino que también aprendió de ello, la libera del miedo a que sus hijos no puedan manejar los altibajos de la vida. ¡Ellos pueden! Precisamente como su mamá, ellos vivirán, y también aprenderán.

Las madres intencionales que están libres del temor son grandes modelos de conducta para sus hijos. Irradian confianza, y no tienen miedo de fracasar. Saben que su valor no depende de lo que hagan, sino de quienes son. Aceptan a sus hijos sin importar como sean; y reconocen que su valor está basado únicamente en la opinión que Dios tiene de ellos. Esta actitud, libre de miedo ante la maternidad, permite que las mamás suplan las necesidades de sus hijos sin que sus propias inseguridades sean un obstáculo.

## Desarrollo de la confianza

Otra diferencia clave entre una madre controladora y una madre intencional es la cuestión de la confianza. La confianza se ve superada sólo por el amor en las «categorías de necesidades» para nuestros hijos, y comienza justo después de que ellos nacen.

En el momento que un bebé nace, la formación de la confianza comienza. La atención a las necesidades del bebé, la presencia emocional, el apoyo de la comunicación con el niño o niña; todo esto pone un fundamento de confianza para el recién nacido. A medida que la vida del niño se vaya desarrollando, los padres tendrán muchas oportunidades de reforzar el vínculo entre ellos.

La confianza implica respeto, y es necesaria para que una relación sana exista durante los años venideros de la adolescencia. La confianza se desarrolla durante el transcurso de la relación y es muy útil cuando la vida no tiene sentido. En esos momentos, tal vez la confianza sea lo único de lo que podamos agarrarnos. Sin embargo, los padres no pueden cometer el error de pensar que merecen la confianza simplemente porque son los padres. La confianza, igualmente que el respeto, se debe ganar.

Una vez me encontré con un padre que planeaba separarse de su esposa. Tenían dos hijos, uno de cinco años de edad y el otro de siete. Aunque yo no apoyaba su decisión, creí necesario restarle importancia, tanto como pude, a cualquier daño que sus hijos sufrieran. Entonces le expliqué a ese papá el proceso que él necesitaba seguir, que les demostraría honor y respeto a ellos.

Él se quedó un poco sorprendido por mis recomendaciones.

«¿Por qué necesito hablar con mi hijo de cinco años sobre mi decisión?», me preguntó.

«Porque su hijo necesita oír de su propia boca que su decisión no tiene nada que ver con él», le expliqué. «Eso le demuestra que usted lo respeta lo suficiente como para mirarlo a los ojos y decirle que la vida de él será diferente. Si quiere que confíe en usted en el futuro, no puede abandonarlo ahora sin hablar con él primero».

Este padre aceptó mi consejo e hizo lo que le sugerí. Entonces su muchacho de cinco años le hizo una pregunta muy esclarecedora: «¿Por qué estás tomando una decisión tan mala, papi?». Si un niño puede entender que la decisión de su papá es mala, esto también dice que él tiene la capacidad para procesar cosas complicadas. Por consiguiente, se le debería tomar en serio.

Cuando una madre tiene problemas de control, también tiene problemas de confianza. Lucha para confiar en sí misma, en sus hijos, su familia, los profesionales involucrados en las vidas de sus hijos; y sobre todo, en Dios. Debido a sus propios antecedentes, está sumergida en un mar de dudas, no queriendo comprometerse. Lucha para confiar en alguien por cualquier razón, creyendo que ella o sus hijos serán lastimados o marcados. Esta actitud tiene un precio alto, e interfiere en las relaciones que ella valora más.

Probablemente la consecuencia más perjudicial de una madre que no confía, es la manera en que la afecta a ella misma. No confía en su propio juicio sobre sus hijos, así que tal vez sigue el consejo de personas a las que no conoce antes de guiarse por sus propios instintos.

A través de los años he observado que la mayoría de las madres son bastante intuitivas acerca de las necesidades de sus hijos cuando están, como es debido, en sintonía con sus instintos. Pienso que Dios creó a la mujer con un corazón perspicaz, pero es menos probable que las madres que luchan con el control y la confianza confíen en ese sentido intuitivo.

Cuando una madre no confía en ella misma, tiene luchas para confiar en sus hijos. A menudo proyecta en ellos, sobre todo en las hijas, su propia historia de tomar malas decisiones, irreflexión, o engaño. Este comportamiento perjudicial predispone al niño para una profecía que se cumple por sí misma.

Cuando yo era consejera de escuela media, conocí a Jessica, una preciosa joven que era increíblemente especial; era la clase de hija que llenaría de alegría a cualquier madre; todo lo hacía con diligencia y lo mejor que podía. Poseía una madurez de fe caracterizada diariamente por el estudio reflexivo y la oración, porque pasar tiempo con Dios era muy importante para ella. Era amable, sensible, talentosa, alegre y concienzuda.

Un día, Jessica entró en mi oficina, y tan pronto como cerré la puerta, se echó a llorar.

«Señora Hickem» me dijo, «¿por qué será que no le gusto a mi madre?»

Yo sabía que su madre era estricta, pero no sabía que había tal tensión entre ellas. Le pregunté por qué pensaba que su mamá se sentía así.

«No importa lo que yo haga, lo que diga, o lo que logre, mi madre siempre supone lo peor de mí», dijo entre sollozos. «Nunca he hecho nada para que ella no confíe en mí, pero no confía. Lo único que quiero es gustarle a ella».

Traté de hablar con la madre de Jessica, pero sus muros eran bastante altos. Comencé elogiando la excelente labor que había hecho al criar a una hija tan buena, y comenté que debía estar orgullosa de ella.

La madre dijo: «Gracias», y añadió: «Lo único es que nunca sé cuándo las cosas cambiarán. Al preguntarle si alguna vez Jessica le había dado alguna razón para que no confiara en ella, me contestó: «No, ¡todavía no!»

Yo sentí ganas de tomar por los hombros a aquella madre, sacudirla y decirle que si seguía creyendo eso acerca de su hija, Jessica se comportaría de acuerdo con las bajas expectativas que tenía de ella. Pero en ese momento, sabía que lo único que yo podía hacer mientras Jessica estuviera en la escuela, era ser un refugio para ella; y seguir orando por ella y por su madre.

Avancemos rápidamente algunos años. Un día, recibí una llamada telefónica del padre de Jessica. La hija estaba ahora en la escuela secundaria, y la situación era peor en casa entre ella y la madre. Ya yo no estaba en la escuela, así que el padre tuvo que buscarme para que le aconsejara. Él estaba llorando.

«No sé qué hacer» me dijo el padre, afligido. «Estoy perdiendo a mi hija porque mi esposa desconfía de todo lo que ella hace. La tensión es tan grande que tengo miedo de que si algo no cambia, la voy a perder».

Compartí con él mis observaciones de hacía dos años, y le pregunté si pensaba que su esposa estaría dispuesta a hablar del problema.

«Si yo hablara de esto pensaría que me he puesto de parte de Jessica», contestó. «Tal y como está la situación, cuando menciono cosas que creo que son injustas, se produce una tensión tremenda entre mi esposa y yo».

Como fin de la conversación, le dije, tomando sus propias palabras que si él no hacía algo, perdería a su hija. Oramos, colgamos y él quedó llorando.

Avancemos rápidamente varios años más. Mi hijo vio a Jessica cuando regresaba a casa de la universidad. «Mamá» me dijo, «vi a Jessica esta noche, y no la reconocerías.

«Obviamente, no es la misma persona que conocimos hace años. Ahora tiene un carácter duro».

Me sentí muy triste por aquella muchacha que hacía tantos años yo había tenido en mis brazos, deseando simplemente que su mamá confiara en ella; y lo más importante, que ella le gustara a su mamá. Todo esto era el resultado de una madre que debido a los problemas que dejó sin resolver en su propia vida no podía confiar en su hija.

Las madres controladoras transmitirán la maldición de la desconfianza, a menos que se sanen de sus propias heridas emocionales. Sin tener en cuenta cuál haya sido la causa de los problemas de confianza que una madre tenga, su responsabilidad es no dejar que éstos obstaculicen el camino de la vida de sus hijos. El primer paso es el conocimiento pleno de dónde ella quiere estar.

*Las madres intencionales manejan sus cuestiones de confianza, confiando en Cristo primero. Reconocen sus propias luchas y deciden ir a Él, quien es digno de confianza. Esto es un desafío para muchas madres, pero las mamás intencionales saben que si sueltan su propio control y se arriesgan confiando en Dios, serán recompensadas al hacerlo.*

## Confiar en Dios

Cuando una mamá confía en Dios, encuentra la paz en medio de las tormentas de la maternidad. Cree que nada a lo que ella y su familia se enfrenten es más grande que Dios. Está dispuesta a ir en un paseo salvaje, y sabe que no se caerá, sin importar a qué velocidad vengan las vueltas.

*Las madres intencionales ven a Dios como seguro y amo-
roso. Creen que Él tiene en su corazón lo que es para el bien
de ellos, y quiere suplir sus necesidades. En la Biblia, donde
muchos ven sólo «reglas», ellas ven el corazón protector de
Dios.* Sobre todo, una madre intencional confía en que Dios
conoce a sus hijos mejor que ella, y que Él estará con ellos
todas las veces que ella no pueda estar.

Hace un año, Taylor se preparó para ir al extranjero
a estudiar. Aunque tenía veinte años, era difícil para mí
pensar que iba estar en un país extranjero por más de
cuatro meses sin conocer allí absolutamente a nadie.

Tenía que llevar en una maleta todo lo que necesitaba, y
eso era un desafío. Le pregunté si quería un poco de ayuda
con su preparación para el viaje, y me dijo que sí, que sería
fabuloso; así es que viajé a Houston, donde él vivía.

Nuestro tiempo juntos, pasó rápidamente. Como yo
sabía que iba a una parte del mundo que acababa de experimentar un tsunami, le compré placas de identificación
para que se las pusiera. Nos encargamos de algunos asuntos
legales, y juntos disfrutamos mientras trabajábamos.

En mi viaje de regreso a casa, me di cuenta de que se me
pedía que confiara en Dios otra vez. Recordé todas las otras
ocasiones en que Dios había cuidado de Taylor cuando yo
no estaba presente, y pude sentir a Dios recordándome
que Él no había cambiado en cuanto a su capacidad para
hacerlo otra vez.

Aunque estuve en Houston sólo cuarenta y ocho horas,
Dios me puso en contacto con algunos amigos que no había
visto en varios años y que habían vivido en Hong Kong. Me
dijeron que enviarían un correo electrónico a sus amigos

para avisarles de la llegada de Taylor. Además, un amigo de ellos iría a donde Taylor estudiaba, no una vez sino dos veces para estar al tanto de cómo iban las cosas con mi hijo.

En estas maneras prácticas, Dios me mostró cómo Él cuidaría a Taylor por mí.

No hay ninguna manera más grande para que las mujeres bendigan a Dios que confiar en Él con el tesoro que ellas valoran más: su familia.

Cuando las madres deciden confiar, experimentan paz.

Cuando deciden soltar a sus hijos y ponerlos en las manos de Dios, la responsabilidad de cómo ellos se desarrollan no se siente tan pesada.

Hay una gran historia en 2 Reyes 4.1–7 en la que una viuda se encuentra en una situación muy difícil. Su esposo había muerto y ella no tenía ningunos otros familiares que pudieran brindarle protección y apoyo. Al morir, su esposo la había dejado con una gran deuda y dos muchachos para criarlos ella sola.

La viuda fue a ver a Elías, el líder religioso de su época, y le contó su grave situación. «¿Qué tienes en casa?», le preguntó el profeta. «No tengo nada» contestó ella, «excepto un poco de aceite». «Pide a tus vecinos que te presten sus vasijas; consigue todas las que puedas. Echa aceite en todas y a medida que las vayas llenando anda poniéndolas aparte», le dijo él.

La mamá obedeció, y los muchachos le pidieron una vasija vacía a cada vecino que conocían. (Puedo oír a los vecinos hablando de cómo aquella pobre mujer se había vuelto loca.) Cuando tenían todas las vasijas que pudieron encontrar, la mamá cerró la puerta y se puso a echar aceite en ellas, hasta que todas estuvieron llenas. La mamá fue de nuevo a ver a Elías, y él le dijo que vendiera el aceite para que pagara sus deudas, y que con el dinero que sobrara tendrían suficiente para vivir.

Esta historia nos recuerda que Dios nos encuentra en la situación que estemos y obra con lo que tengamos. Muy a menudo buscamos una respuesta increíble, en vez de recordar las maneras suaves e íntimas de Dios. Él quiere que las mamás confiemos en Él de muchas diferentes maneras, hasta en las más simples de las situaciones. Cuando nos damos cuenta de que su propósito es entrelazarse en nuestra existencia diaria, incluyéndolo a Él en todas las áreas de nuestras vidas, todo será mucho más fácil. Dios no quiere que esperemos a que haya una crisis para que entonces lo incluyamos.

Así es cuando una madre confía activamente en Cristo. Ella ve que Dios, quien creó a sus hijos, está en guardia día y noche para ayudarla con ellos. Sabe que como Dios los diseñó, no habrá ningunas sorpresas para Él. Puede contar con Dios para que le dé las indicaciones y señales que necesita para apoyar a sus hijos en sus momentos más profundos de necesidad. Descansará más fácilmente al saber que si ella permanece conectada con Dios, Él la ayudará a ser la madre que ellos necesitan, siempre que la necesiten.

## Evitar el orgullo

El control tiene otro lado desagradable: el orgullo. Ésta es una característica con la que luchamos de vez en cuando. El orgullo es una de las áreas de conflicto más comunes donde el control surge en nuestro viaje de la maternidad. Si no me cree, preste atención a un grupo de nuevas madres que hablan de sus bebés. Escuchará celos y hasta competencia entre madres que también resultan ser muy buenas amigas.

Así que, ¿acerca de qué podrían competir las madres cuando sus hijos son tan pequeños? ¿Cuán bien se sienta el bebé solo? ¿Para cuándo comienza a caminar el niño? ¡Dios nos libre de que uno de ellos se niegue a caminar hasta que tenga quince meses!

El orgullo es nuestro intento de cubrir la inseguridad. Y nada hace salir a la superficie la inseguridad de una madre más que sus hijos, sobre todo cuando ellos se comportan mal.

Piense en las veces que usted deseó que la tierra se la tragara. Esos sentimientos probablemente estuvieron relacionados con una ocasión en la que su hijo se metió un dedo en la nariz cuando estaba en escena en un evento de la escuela, o su hija decidió que la fila para pagar en el supermercado era el lugar ideal para tener una rabieta.

¿Le recuerda alguna de estas cosas una sensación de emociones compartidas? No se sienta sola, pero tampoco demasiado cómoda.

Las madres controladoras equivocadamente piensan que cuando sus hijos manifiestan en acciones sus sentimientos o impulsos inconscientes, esto se refleja en su habilidad como madres, en vez de entender que esos momentos son señales de la etapa de desarrollo en que ellos se encuentran.

Cuando un niño es desobediente, hace simplemente lo que los niños pueden hacer y hacen a esa edad. Todos los niños tienen días cuando prueban los límites, no se sienten bien o se comportan con mal genio. Esto se llama *conducta humana normal*. Si su hijo nunca tuviera momentos como éstos, usted tendría razón para preocuparse.

Estas demostraciones no son culpa de usted.

Los niños no vienen preprogramados. A nosotros, las madres y los padres del mundo se nos ha llamado a enseñarles modales, valores, fe, respeto y autocontrol. Es nuestra responsabilidad guiar, educar, modelar, corregir y animar a nuestros hijos en cuanto a las lecciones de la vida. Éstas no son lecciones de una sola vez sino de múltiples oportunidades para instruir a nuestros hijos en las formas que creemos que las personas sanas viven.

La mayoría de las madres quieren que los momentos de instruir a sus hijos ocurran dentro de casa, donde nadie puede verlas corrigiéndolos. Pero eso no es realista. Los hijos no consultan una escala de aprobación social de la madre con el propósito de programar el mejor momento para desafiarla. Esos momentos simplemente ocurren cuando ocurren.

Entonces, ¿por qué se horrorizan las madres cuando sus hijos actúan como niños? Tal vez porque lo ven como si fuera culpa de ellas. Las madres controladoras no reconocen que deben concentrar su atención en el hijo o hija, no en ellas mismas. Cuando una mamá hace que en esos momentos su atención se concentre en ella, entonces toma el control el orgullo y ella ha perdido ya la batalla con sus hijos.

Cuando ella procura controlar, como resultado del orgullo, es probable que tampoco tome las mejores decisiones en cuanto a sus hijos. Agregarse ella a la ecuación debilita el potencial de su hijo para el aprendizaje. La mamá está «en medio». Su orgullo diluirá las situaciones diseñadas para que aumente la confianza de su hijo o hija en ella. El orgullo también disminuye la oportunidad para que la madre los entienda mejor. En pocas palabras, madres, el orgullo nos mantiene concentradas en nosotras mismas, lo cual nos conduce a ser egoístas. El egoísmo conduce a la idolatría porque el centro de nuestra atención no está en Dios. Cuando llegamos a esa situación en nuestras vidas, todos tenemos problemas.

Las madres intencionales se concentran en sus hijos. Cuando ellas pueden hacerlo así en medio de momentos difíciles, los resultados serán mucho mejores para ellos. Independientemente de cuál sea la acción disciplinaria, el aprendizaje ocurre y el vínculo entre la madre y el hijo o la hija se refuerza. La crianza de los hijos tiene que ver con ellos, no con nosotras. Cuando dejamos que esa verdad penetre en nosotras, nos volvemos más eficaces en nuestra disciplina y nuestra comunicación. ¡Pero recuerde la paradoja de la maternidad! Cuando permanezca concentrada en todo lo que es para el bien de sus hijos, se encontrará tomando mejores decisiones acerca de usted misma. Al ser intencionales, mantenemos la prioridad en nuestros hijos, lo cual nos permite que experimentemos un conocimiento más profundo de Dios y su deseo de que instruyamos a nuestros hijos acerca de Él.

La maternidad intencional libera a las madres de verse involucradas en una batalla que no pueden ganar. Les ayuda a permanecer concentradas en la salud emocional y espiritual de sus hijos. También les da el deseo de aprender de ellos. El muro de orgullo ya no está alrededor de sus corazones, y la terquedad que acompaña al orgullo se disipa.

Las madres intencionales saben que necesitan ayuda y no tienen miedo de pedirla. Se dan cuenta de que la mejor posición en la que pueden encontrarse es cuando oran diciendo: «¡No puedo con este niño, Señor!» Esta no es una oración de desesperación, sino de sabiduría. Es un reconocimiento de que la tarea es demasiado difícil para nosotras y necesitamos ayuda urgentemente. Le decimos a Dios que confiamos en Él. Esto es lo mejor que podemos hacer, porque Él tiene todas las respuestas que alguna vez necesitemos.

## El resentimiento en contra de la confianza

Finalmente, las madres intencionales reconocen que el mayor peligro, asociado con ser una madre controladora, es el potencial para que el control siembre la rebelión y el resentimiento en el corazón de un niño o adolescente.

Cuando las madres dominan a sus hijos y no sueltan poco a poco las riendas en las vidas de ellos, su confianza en nosotras se destruye, su confianza en ellos mismos se debilita y surge la amargura. A menudo esto conduce a la rebeldía, que expresan en maneras diferentes y en categorías de edad también diferentes. Tal vez usted ya está experimentando esto, pero es más probable que los adolescentes exploten en rebeldía cuando sienten que los están controlando con demasiada fuerza. Aunque ése no sea el deseo del corazón de la madre, el resultado final es el mismo. A un adolescente, el control le dice que su mamá no cree en él.

Aclaremos algo. No estoy diciendo que los adolescentes deberían ser los que manden y tomen las decisiones. Lo que digo es que los padres deben entender que su labor debe ser enseñarles a sus niños y adolescentes cómo tomar decisiones. Este proceso ocurre con el tiempo, con la práctica. La única manera para que eso suceda es que los padres les provean la oportunidad de aprender, practicar, e incluso de fallar; que no traten de controlar cada situación para que entonces el hijo no tenga la posibilidad de tomar ninguna decisión.

Los niños y los adolescentes necesitan saber que la intimidad de sus hogares es un ambiente seguro para cometer errores. Hay un viejo refrán: «Si no puedes hacer algo bien, entonces no lo hagas». Pienso que ese adagio es erróneo. Refuerza el mensaje de que uno tiene que ser perfecto; de lo contrario, ignorarlo. El refrán que adoptamos en nuestra casa fue: «¡Algo que vale la pena hacerlo bien, vale la pena hacerlo mal, hasta que uno pueda hacerlo bien!». Nuestra meta, en casa de los Hickem, era que Taylor y Tiffany disfrutaran explorando diferentes experiencias y oportunidades, que no tuvieran miedo de intentarlas.

Muchos adolescentes, de hogares religiosos; se rebelan porque padres bienintencionados, pero controladores, los han restringido y dominado demasiado. Los padres pensaron que si les mantenían cortas las riendas durante los años de escuela secundaria, sus adolescentes se conformarían a sus estándares y expectativas. Lamentablemente, esto no es cierto. Sobre todo cuando el control toma el lugar de explicar las razones detrás de un estándar o un valor de los padres. El control crea hijos ingeniosos, más astutos que los padres, que les mienten y los engañan. También insulta al hijo o hija diciéndole: «No tienes la capacidad de tomar decisiones buenas sin mi ayuda». Ese mensaje subyacente debilita la esperanza, la confianza, y la alegría de crecer.

Una vez tuve el privilegio de aconsejar a una joven muy inteligente. Además de su inteligencia, esta estudiante de secundaria era una excelente atleta en varios deportes y, además, tenía un corazón de oro.

Un día, durante una sesión, ella dijo algo que pensé que era muy profundo: «Estoy tan cansada de que mis padres traten de controlar cada uno de mis movimientos. Necesito tomar algunas decisiones por mí misma, porque va a ser realmente aterrador cuando esté en la universidad y no haya tenido ninguna práctica».

Ella dio en el clavo. Reconoció exactamente en qué consistían los problemas. Felizmente, su madre la escuchó, y las dos avanzaron bastante.

*Las madres intencionales mantienen una amplia perspectiva de su papel como madres, y entienden que soltar a sus hijos es parte de la labor.* Saben que se cometerán errores a lo largo del camino, pero como su orgullo no está implicado, les resulta más fácil cederle terreno a la confianza basada en la fe. Las mamás intencionales aumentan sus probabilidades de cosechar la honestidad, la profundidad de carácter y la confianza en sus adolescentes; porque ellas entienden que su meta no es criar niños perfectos y sobreprotegidos; sino desarrollar a sus hijos desde adentro hacia afuera, con toda la confianza que Dios puso en su interior.

## Puntos de fe

Durante todos los días de tu vida, nadie será capaz de enfrentarse a ti. Así como estuve con Moisés, también estaré contigo; no te dejaré ni te abandonaré.

Josué 1.5

El *control* es sinónimo de *desconfianza*. Es decir estamos seguras de que tenemos la respuesta y que otras personas nos lastimarán. Sobre todo, niega el papel que Cristo desea desempeñar en nuestras experiencias diarias con nuestros hijos. Cristo nunca controló a sus seguidores. Él los guió, y se concentró firmemente en amarles.

1. ¿Lucha alguna vez usted con el problema del control? De ser así, ¿cómo afecta esto a sus hijos?
2. ¿Cómo influye el temor en la manera en que cría a sus hijos?
3. ¿Puede pensar en un momento en que Dios le mostró su fidelidad? ¿Cómo puede enseñarles esa misma fidelidad a sus hijos?

4. ¿Cómo le ha impedido su orgullo obrar para el bien de sus hijos? Si se enfrentara a una situación similar, ¿cómo podría usted manejarla en una manera más sana?

5. ¿Qué es lo que este capítulo le ha ayudado a comprender mejor, y cómo puede ponerlo en práctica hoy?

## Mamás intencionales en acción

1. En la raíz del control está la emoción del temor. ¿Qué temores cree usted que le impiden disfrutar el viaje de la maternidad? Comparta estos pensamientos con una buena amiga. Este es también un buen momento para pedirle a alguien, cercano a usted, que ore para que la paz encuentre el camino de regreso a su corazón y a su mente.

2. Ser intencional es un modo de pensar que crea la confianza con sus hijos. ¿En qué maneras confían sus hijos en usted? Si tiene hijos adolescentes, ¿le hablan ellos abiertamente de lo que pasa en sus vidas? Nunca es tarde para redimir los errores del pasado si el control les ha privado del vínculo de confianza que usted y ellos necesitan y desean tener.

# 7

# El sentido del humor de Dios comienza con contracciones

Principio 7: Sea intencional en cuanto a
depender de Dios

Un día en que íbamos a recoger a Taylor a la escuela, Tiffany comenzó a decirme algo desde lo profundo de su corazón. «Mamá, por ahora no estoy leyendo mi Biblia, y quería que tú lo supieras», dijo.

«¿De verdad?», le pregunté, concentrándome en el camino mientras manejaba. «¿Por qué no la estás leyendo?». Tenía curiosidad por saber qué sería lo que la había hecho tomar una decisión, aparentemente repentina, como ésa. Quería entender lo que estaba detrás de su modo de pensar.

«Bueno, tú sabes que Darcy y yo hemos sido amigas desde el año pasado». Darcy había sido muy importante para Tiffany durante el año anterior. Se habían conocido en la iglesia y habían pasado mucho tiempo juntas. Tiffany miró hacia abajo, se miró las manos, y continuó: «Hace varias semanas que ella ha estado mintiéndome, diciendo cosas malas, e insultándome. Le he pedido que deje de hacerlo, pero lo sigue haciendo. Estoy realmente triste, y simplemente creo que Dios no entiende lo que me sucede».

Comprendí que mi hija estaba sufriendo por la actitud de su amiga. Tiffany siempre ha tenido un corazón sensible y perdona fácilmente. Pero sus numerosos intentos para mantener aquella amistad fueron rechazados por Darcy causándole un dolor persistente.

Tuve curiosidad por saber qué era lo que la había hecho pensar que Dios no entendía lo que le estaba sucediendo. Incluso a *Jesús*, el Cristo; perfecto y completo, lo traicionaron sus amigos. De repente me di cuenta de que a pesar de haber estado expuesta a las Escrituras y la fe, Tiffany no había considerado la humanidad de Cristo.

«Entiendo como te sientes», le dije, «pero creo que Dios entiende más de lo que te das cuenta».

Quería que ella comprendiera cuán íntimo es Dios y cuánto Él se preocupaba por ella y por sus sentimientos.

«¿Quieres tomar mi Biblia del asiento trasero y buscar el Salmo 55?» le dije.

Ella extendió la mano y cogió mi Biblia. Mientras hojeaba las páginas buscando el pasaje que yo le había sugerido, la estuve observando con miradas fugaces. Y mientras lo hacía, de pronto me pregunté: «¿Qué es lo que le he dicho que lea?»

¡En ese momento no pude recordar nada de lo que decía el Salmo 55! Se me ocurrió pensar que quizás le había dicho a mi hija de once años que leyera un pasaje en el que a lo mejor se hablaba de un asesinato violento o de alguien castigado por Dios. Y aunque no tenía idea de lo que Tiffany estaba a punto de leer, supe que Dios estaba ahí con nosotras. De pronto, cuando me di cuenta de la lucha que tenía Tiffany para encontrarlo a Él en aquella situación, me vino a la mente el contenido de ese salmo..

Cuando encontró el pasaje, leyó en voz alta: «Expresa profunda consternación ante la traición de un amigo cercano. Cuando los amigos nos hieren, es demasiado difícil llevar solos la carga».

*¡Qué alivio! No hubo ningún castigo.*

Tiffany continuó leyendo:

*Porque no me afrentó un enemigo,*
*Lo cual habría soportado;*
*Ni se alzó contra mí el que me aborrecía,*
*Porque me hubiera ocultado de él;*
*Sino tú, hombre, al parecer íntimo mío,*
*Mi guía, y mi familiar;*
*Que juntos comunicábamos dulcemente los secretos,*
*Y andábamos en amistad en la casa de Dios. (vv.*
*12–14)*

Los ojos de Tiffany se encontraron con los míos. «Mamá» me dijo, «Él lo entiende. ¡Dios realmente entiende cómo me siento!» El alivio que yo podía ver en sus ojos y la alegría que cubría su rostro me mostraron en aquel momento que ella sentía la intimidad de Dios conociéndola y preocupándose por sus sentimientos. Comprendió la realidad de la participación de Dios en cada aspecto de su vida, hasta en los momentos más difíciles y dolorosos.

Ése fue un momento decisivo para Tiffany. Pero tal vez ha sido aún más importante para su mamá.

En aquel instante, Dios me mostró que no se me exigía que yo tuviera todas las respuestas para criar bien a mis hijos. Lo que necesitaba realmente era depender de Él y confiar en su corazón por mis hijos.

Yo tampoco estaba sola. Y ese era un recordatorio que yo necesitaba urgentemente.

Como madres, muy a menudo tratamos de hacer todo nosotras solas, creyendo que tenemos que ser consejeras, eruditas bíblicas, maestras, confidentes, amigas, y cualquier otro papel que una madre se encuentre desempeñando. La realidad es que nuestro papel más importante es reconocer la presencia de Cristo en nuestras vidas, pedirle su ayuda, esperar una respuesta y confiar en que Él se revelará. Cuando hagamos esto, nuestros hijos verán al Señor en nuestras vidas y sabrán que Él es digno de su confianza.

Avancemos rápidamente once años desde aquel mensaje de Dios en el auto. Ahora Tiffany tiene veintidós años. No hace mucho me dijo que el día que tuvimos esa conversación, escribió la fecha al lado del Salmo 55 en su Biblia. Cuando las luchas surgen, todos estos años más tarde, mira hacia atrás y ve esa Escritura como un recordatorio del amor de Dios y su presencia continua en su vida.

¿No es eso lo importante? ¿Saber que Él nos conoce?

## Intencionalmente impotente

Como madre, me he sentido impotente muchas veces. Pero cuándo usted piensa en esto, ¿no se trata precisamente de la impotencia?

Cuando Eva desobedeció a Dios en el jardín, Él creó el proceso de dar a luz y criar a los hijos con la intención de enseñarnos que necesitamos ayuda; es decir, su ayuda.

El desafío de la llegada de un hijo al mundo es la primera lección de Dios para las madres. El parto les da a las mujeres una visión muy cercana a la realidad de que no existe tal cosa como el control sin importar la forma de la llegada del bebé. Lamentablemente, la mayoría de las mamás no son capaces de ver debajo del momento del nacimiento la lección más profunda de la vida.

La experiencia con la adopción es similar. La única diferencia consiste en cómo se enseña la lección. El dolor físico acompaña al parto. El dolor emocional acompaña a la adopción, así como a cierta comprensión respecto de la cual usted no tiene ningún control.

Al haber experimentado yo ambos caminos a la maternidad, puedo decir que la adopción fue en definitiva más atemorizante, y nos dejó a mi esposo y a mí sintiéndonos más vulnerables. Correspondió a los padres biológicos determinar cuán positiva o negativa sería la experiencia para nosotros; y si finalmente nos convertiríamos en padres por medio de ese proceso. Todo estaba por completo bajo el control de los padres biológicos. Nosotros no teníamos absolutamente ningún control por lo que había momentos en que nos sentíamos totalmente impotentes.

El viaje de la maternidad, que dura toda la vida, comienza en un camino tan imprevisible y rocoso con el fin de enseñarnos a depender de Dios desde temprano. Cuanto antes aprendemos a depender de Dios, más nos gustarán nuestros hijos (además de amarlos), más disfrutaremos siendo madres, y nos preocuparemos menos por las opiniones de otros sobre cómo creen que nos desempeñamos.

¿No parece esto maravilloso? Entonces, ¿por qué es éste un concepto tan difícil de entender?

Nuestro Creador sabía que el camino al corazón de una mujer pasa a través de sus hijos (¡no hay duda que somos diferentes de los hombres!). Desde el principio, las mujeres han sido las que se encargan principalmente del cuidado y la crianza de los hijos. La dependencia de un niño crea un profundo sentido de protección y responsabilidad dentro de nosotras. Es un instinto innato que parece cobrar vida en el mismo momento en que el bebé llega. Cuando el médico lo coloca en el pecho de una mujer, ella sabe (desde algún sitio aún desconocido de su ser) que se le ha hecho un llamado a algo superior.

En mi labor como terapeuta, he participado en un equipo de trabajo para ministerios carcelarios femeninos. Y he aprendido a través de los años que a las prisioneras nunca se les debe volver la espalda. Cuando estas mujeres entran en la prisión, se endurecen y se amargan. La mayoría de ellas han sido objeto de abuso, ya sea sexual, física o emocional y han perdido la esperanza en todo y en todos. Los muros alrededor de sus corazones son muy altos. La única grieta que se podría encontrar en esas barreras protectoras alrededor de sus corazones, aparece cuando se les pregunta acerca de sus hijos. Una lágrima corre por sus mejillas o una pequeña sonrisa pudiera aparecer cuando esa parte de sus corazones se conmueve. Las madres, libres o encarceladas, son vulnerables a sus hijos de una manera que no tiene comparación con nada, ni con nadie.

Y todo esto es el plan hermoso de Dios. Él creó a las mujeres de esta manera porque sabía que por medio de nuestros hijos podría enseñarnos las lecciones más grandes sobre la vida, la fe y el amor incondicional. Él sabía que ninguna otra cosa podría atraer nuestra atención más rápidamente.

Criar hijos es el trabajo más difícil del mundo. Cualquier madre puede confirmar la verdad absoluta de esta declaración. Nada se compara con los complicados desafíos que vienen con la creación especial y única de cada hijo. Sin embargo, Dios quiere que las madres disfrutemos y aceptemos nuestro viaje de la crianza de los hijos, y que nos apoyemos en Él como el compañero que siempre desea ser. Colaborar con nosotras para criar hijos que se convierten en maravillosos adultos jóvenes es aún más el deseo de Dios que nuestro.

Este es un concepto difícil de entender para la mayoría de las madres: ¿Podría Dios amar a sus hijos más que ellas?

## Mamás que dependen de Dios

Depender de Dios quiere decir confiarle los hijos a Dios. Significa escuchar los pensamientos que de pronto vienen a su mente, y obrar de acuerdo con ellos. Cuando estos pensamientos vienen acompañados de paz o de bienestar, reconózcalos como el Espíritu de Dios hablándole a su corazón, guiándole a cómo proceder. Cuando sentimientos de preocupación y de advertencia vienen a su mente, confíe en que la guíen a cómo orar y proteger a su hijo. Depender de Dios quiere decir aprender a oír su voz para que usted pueda encontrar paz cuando no tiene respuestas y a encontrar poder cuando tiene un plan.

Cuando Taylor tenía dieciséis años y Tiffany quince, me desperté de un sueño en el cual Taylor había muerto en un accidente automovilístico. A medida que comencé a levantarme de la cama y a recobrar el aliento, me puse a reflexionar sobre aquel sueño y me di cuenta de que si algo le sucedía a él, Tiffany sería afectada también. Ella estaba casi siempre en el auto con Taylor.

A través de los años, he aprendido que cuando tengo sueños como ése, me enfrento a dos opciones: temor o fe. Puedo vivir con temor anticipado por algo horrible que pudiera suceder, o puedo aprovechar esa oportunidad para orar y confiar en Dios. Esa mañana, esto último fue lo que decidí hacer.

La organización para la que trabajaba entonces, tenía un torneo de golf para obras benéficas ese día. Cuando iba camino del campo de golf, llamé a dos de mis compañeras de oración y les pedí que comenzaran a orar por mis hijos hasta que yo sintiera que el peligro había pasado. Ambas estuvieron de acuerdo, y comenzaron a orar pidiendo protección para Taylor y Tiffany.

Según continuó el día, establecí contactos, cultivé relaciones con compañeros y clientes, y me divertí. Mientas iba de hoyo en hoyo en mi carro de golf, seguí orando; dándole gracias a Dios por todas sus bendiciones y por el hermoso día en la Florida que Él me había dado para que lo disfrutara.

Al atardecer, todavía me sentía obligada a orar fervientemente por mis hijos. Taylor tenía un juego de fútbol esa noche, así que yo sabía que ellos no estarían en casa hasta tarde. En mi corazón, no quería nada más que tenerlos en casa; estar segura de su bienestar, pero no podía ceder al temor. Era importante que les diera espacio para vivir sus vidas. ¡Me creerán si les digo que me sentí más que aliviada cuando entraron por la puerta esa noche!

A la mañana siguiente se fueron a una clase de fin de semana sobre protocolo que les pedí que tomaran; y seguí orando. A eso de las once y treinta, finalmente me sentí liberada. Sentí la voz de Dios diciéndome que yo había cumplido con lo que Él quería de mí, después de que tuve aquel sueño aterrador. Mi corazón estaba en paz.

Una hora más tarde, mi teléfono sonó. Oí a Tiffany que lloraba histéricamente. Después de varios minutos de tratar de calmarla, me enteré de que ella y Taylor habían estado en un accidente automovilístico en la principal carretera interestatal de nuestra área. Inmediatamente me metí en mi auto y me dirigí hacia donde estaban ellos.

Cuando llegué, había autos esparcidos por todas partes a través de la carretera (trece, para ser exacta). Mis dos hijos estaban de pie sin peligro, afuera de su auto totalmente destrozado, con dos de sus amigos; todos ellos ilesos.

Al contemplar los restos del accidente, pude ver claramente la mano de Dios sobre mis hijos, especialmente sobre Taylor. Pues mientras que Taylor había estado dándole a la policía su versión del accidente antes de que yo llegara, otro auto comenzó a deslizarse fuera de control a través de la carretera y patinó directamente hacia ellos. Si él y el policía no se hubieran apartado de un salto, ambos habrían recibido un golpe directo. El oficial también me dijo que Taylor y los que iban con él deberían de haber sufrido lesiones, incluso de gravedad, teniendo en cuenta el estado en que había quedado su auto.

No tengo ninguna duda que los resultados del accidente habrían sido diferentes si Dios no me hubiera guiado a tener fe por medio de la oración, y si yo no hubiera obedecido. Si hubiese reaccionado con temor, el sueño que tuve temprano por la mañana podría haberse convertido en la pesadilla de cada madre. Sin tener en cuenta el resultado, yo sabía que había hecho mi parte al orar fervientemente por mis hijos. Podía mirar hacia atrás a las circunstancias sin remordimientos porque había obedecido, lo cual me habría proporcionado paz para sostenerme sin importar lo que la llamada telefónica hubiera revelado.

Cuando las madres son intencionales, aprenden a apoyarse en Dios con el fin de recibir sabiduría, esperanza, comprensión y fuerza para criar a sus hijos. También se encuentran más seguras de sí mismas en los desafíos diarios de ser mamá. El peso de la responsabilidad de la maternidad no es tan grande porque saben que Dios lleva la carga por ellas. Reconocen que mientras más dependen de Él, más le confían sus vidas y las de sus hijos.

## Asociadas con Dios

Otra ventaja de depender de Dios es que comenzamos a *esperar* que Él cuidará a nuestros hijos. Esto se vuelve instintivo: una manera de pensar en ellos que nos hace dirigir nuestros corazones a Dios *primero* en cuanto a todos los asuntos relacionados con nuestros hijos. Confiar en Dios tan profundamente entregándoselos a Él nos libera a nosotras las madres. Podemos sentir que realmente estamos asociadas con Dios en el proceso de criarlos. ¡No tenemos que hacer este viaje solas! Y cuando experimentamos esta relación cercana, dependiendo de Él, es más fácil que se los entreguemos.

Dios sabía lo que hacía cuando creó el proceso de la crianza de los hijos para que comenzara con niños en vez de con adolescentes. Cuando los bebés son pequeñitos, reconocemos claramente su dependencia total de nosotras. Somos protectoras, cuidadosas, sensibles y atentas. Ellos no pueden hacer absolutamente nada por sí mismos, y no esperamos nada de ellos. Los aceptamos absolutamente junto con los cólicos, los pañales sucios y todo lo demás. La dependencia de un recién nacido captura el corazón de su madre, y hace que invierta todo lo que ella es en esa nueva vida diminuta. A partir del momento en que un bebé es colocado en sus brazos, la madre escoge en quién confiará para respuestas, verdades y dirección en cuanto a criar a su hijo. Consciente de sus propias limitaciones y de la realidad de que ninguna otra persona amará a su hijo tanto como ella, se ve enfrentada a lo que debería ser una opción obvia: confiarle a Dios esa vida que Él le ha dado.

Sería tan agradable si confiar en Dios fuera una decisión sencilla. Superficialmente parece serlo, pero algunas variables afectan la capacidad de una madre para confiarle sus hijos a Dios, incluyendo su propio viaje con la familia que la crió a ella.

Cuando una niña crece con una madre o un padre con tendencia a la crítica, percibe a Dios de la misma manera que a ellos. Si sus padres la ignoraron cuando estaba creciendo, o le hacían ver lo desilusionados que estaban con ella, la niña vería a Dios de una manera similar. Por otra parte, si su mamá y papá le demostraban un amor incondicional, creían en ella a pesar de sus errores y pasaban tiempo juntos, ella confiaría en Dios más fácilmente. En su corazón habría aprendido ya las bendiciones de una relación sensible entre sus padres y ella. Le sería más fácil, cuando fuera mujer, transferir su confianza a su Dios, su Padre celestial.

Deténgase un momento y piense en esto: ¿Cuáles son sus problemas para confiar en Dios? ¿Ve alguna semejanza entre la manera que percibe a Dios y cómo percibe a su madre o a su padre?

Durante mis años como consejera, he podido escuchar mucho dolor, luchas, temores y necesidades. Algo que he observado constantemente es que las personas transfieren sus relaciones paternales tempranas a su relación celestial. A menudo esto es cierto también en cuanto a personas que no crecieron en un hogar específicamente religioso. Su viaje terrenal les impedirá ver que alguien más grande que ellas existe; alguien que tal vez les podría amar.

Si transferimos a nosotras un entendimiento positivo de Dios como resultado de la influencia de nuestros padres, o si tenemos que superar una percepción negativa de Él, una vez que aprendemos a confiarle nuestras vidas a Dios, podemos reconocer la relación que existe entre el amor y la confianza. Cuando nos damos cuenta de que Dios ama a nuestros hijos más de lo que jamás podremos amarles nosotros, sabemos que podemos confiárselos para que los cuide. Él los ama suficiente para colocarlos a ellos, sus nuevas creaciones, en nuestras vidas; y al hacerlo así, bendecirnos con la oportunidad de experimentar el regalo increíble de una relación de amor entre padres e hijos. Cuando dependemos de Dios para que sea nuestro compañero en la crianza de los hijos, podemos soltarlos más fácilmente porque sabemos que su Creador los sostiene con brazos competentes, reconfortantes y amorosos.

He aconsejado a muchas madres biológicas que han entregado a sus hijos en adopción. Su sacrificio es un sacrificio de amor por ellos y preocupación por su futuro. Una de las verdades que comparto con estas mamás, después de sus decisiones desgarradoras, es consecuentemente consoladora: aunque un niño no pueda estar en los brazos de su madre biológica, siempre estará en su corazón.

Uno de los regalos que una madre biológica puede darle a su hijo es orar por él mientras crece. Ésta es la mejor demostración de dependencia; la madre biológica no puede tocar a su hijo, tomar decisiones por él, o criarlo. Pero puede confiárselo a Dios y expresar agradecimiento por él a menudo en sus pensamientos y conversaciones con Dios. Puede cambiar el resultado de la vida de su hijo, entregándoselo por completo al Dios que lo creó.

Para las mamás que experimentan el don de criar a sus hijos; soltarlos y confiárselos a Dios es una experiencia de todos los días, si no de momento a momento. Sería bueno si una vez pudiéramos decidir: «Dios, te entrego mis hijos», y que durara para siempre. Pero la verdad es que debemos tomar esa decisión diariamente. Escoger conscientemente soltar a nuestros hijos, entregándoselos a Dios día tras día, incluso en medio de gran dificultad, nos recuerda cuánto necesitamos su ayuda para criarlos.

Durante el último año de escuela secundaria de mi hija, experimentó algunos problemas de salud que amenazaron con retrasar su ingreso a la universidad. No consiguió que los médicos le dieran de alta hasta el mes de mayo, cuando es demasiado tarde para que la mayoría de los jóvenes que deben comenzar sus estudios universitarios tomen cualquier decisión importante.

Tiffany había sido aceptada en la universidad de su opción, pero tuvo que rechazar la aceptación por problemas de salud. Ahora bien, en el último momento, estaba libre para comenzar su año de estudiante de primer año allí, pero las clases del otoño estaban llenas. Entonces la universidad le ofreció la opción de comenzar a tomar clases durante el semestre de verano, en tres semanas.

¿Ha experimentado alguna vez algo como esto? Cuando Dios está involucrado y en control, los detalles encajan en su lugar.

En tres semanas, Tiff pasó de ser una estudiante de escuela secundaria a vivir sola en un condominio, a cientos de kilómetros de casa. Nunca se había quedado sola antes, y ahora vivía como adulta; yendo por el camino hacia la realización de su sueño.

Cuando salí del condominio, dejando allí a la más joven de mis hijos, mantuve una actitud fuerte y valerosa. Yo sabía que ése sería uno de los momentos más difíciles en nuestra relación; las dos éramos conscientes de que la vida nunca volvería a ser igual. Y mi niñita iba a estar sola.

*Sola*. Nada más que decir esa palabra me estremece.

Pero dejarla allí ese día era sólo otra oportunidad de practicar aquello para lo que habíamos estado preparándonos durante toda su vida: la confianza en Dios. Desde ese día en adelante, Tiffany estaba totalmente en las manos de Dios.

Si tiene en brazos a un niño o a una niña, o le dice adiós a su hijo o hija que comienza a estudiar en la universidad, Dios quiere que sepa que Él es digno del honor que proviene de confiarle sus hijos a Él. ¡Cuando usted abre su corazón a Dios y le dice: «¡No puedo seguir haciendo esto que se llama maternidad!», es probable que oirá su suspiro de alivio. Él no luchará con usted ni jugará el juego de tira y afloja por su hijo. Cuando usted finalmente lo suelte, Él se involucrará amablemente en su vida y en la de su hijo.

## Viendo a Dios obrar

¿Se ha sentido alguna vez triste cuando sus hijos han tenido que vivir experiencias desagradables provocadas por decisiones que usted tomó, o que alguien más tomó para usted?

¿Ha tratado de compensar circunstancias que parecían injustas? ¿Ha tenido momentos cuando tuvo temor de que sus hijos pudieran sentirse desfavorecidos porque los tiempos eran desafiantes o difíciles?

De ser así, Dios simplemente le dio una enorme oportunidad para permitirles a sus hijos participar en una aventura en la que ellos consiguen atestiguar que lo imposible se vuelve posible, lo asombroso se vuelve verdadero, y su fe echa raíces.

Cuando las madres deciden vivir una vida de fe, confiándole sus hijos a Dios, encontrarán el camino lleno de experiencias que les prepararán mejor a ellas y a sus hijos para la vida. Aprender a esperar amablemente, pidiéndole al Señor lo que quiere o necesita y expandiendo la manera en que se le entregarán las respuestas, pueden ser momentos determinantes para aumentar la fe y la esperanza de sus hijos. No queremos estorbar las maneras misteriosas e ilimitadas de Dios.

¿Ha observado los ojitos de sus hijos pequeños cuando ven por primera vez a alguien hacer pompas de jabón? Están fascinados, curiosos y emocionados. Extienden las manos, esperando agarrar una de esas refulgentes esferas. No entienden la química detrás de las pompas y no se preocupan. Simplemente disfrutan la experiencia.

Cuando los niños y los adolescentes se encuentran con experiencias de la vida que no entienden, los padres no deben compadecerse de ellos. Lo que podría parecer una desilusión o una desventaja, realmente puede ser la manera de Dios para proteger a nuestros hijos o enseñarles una lección valiosa que necesitarán más tarde en la vida. Muy a menudo, las mamás y los papás estorban los momentos oportunos para que sus hijos vean la obra de Dios en sus experiencias diarias.

Déjeme relatarle la historia de cierta familia que experimentaba dificultades económicas. Como no tenían dinero para comprar los alimentos para la semana, la madre tenía que comprar poquito cada dos días.

Un día que regresó de la tienda con lo que había podido comprar con el dinero que llevaba, su esposo le preguntó si había comprado jabón.

«No» le dijo. «Usé todo el dinero para comprar los alimentos».

Su esposo comenzó a quejarse. «¿Qué se supone que yo haga sin jabón?»

Ella lo miró mientras guardaba los comestibles, y le dijo: «Si estamos sin jabón, quizás debamos pedírselo a Dios». Sus hijos oyeron las palabras de la mamá y se rieron.

A la mañana siguiente, la madre salió a buscar el periódico dominical, uno de los pocos lujos que todavía se daban. Y envuelta dentro del periódico encontró la barra de jabón más grande que jamás había visto en su vida. Junto con ella, había un cupón para conseguir otra barra.

Tambaleándose por la impresión, la mamá entró a la casa. Los hijos la vieron llevando el periódico en una mano y el jabón en la otra.

«Oye, mamá», dijo uno de los muchachos. «¡Parece que Dios le envió un jabón a papá!» Y tomando el jabón de las manos de su madre, se lo llevaron al papá quien quedó tan impresionado como había quedado su esposa al encontrarlo entre las hojas del periódico.

Aquel día, los niños aprendieron una maravillosa lección. Comprobaron la realidad tangible del cuidado que Dios tenía de su familia. Ellos habían llevado su necesidad al Señor, y Él la había suplido de una manera sorprendente e incuestionable.

Éste es sólo uno de numerosos incidentes que pueden ocurrir cuando una familia permanece concentrada en la fe, en vez de en las circunstancias. Las crisis son grandes oportunidades para demostrar una fe firme, una paciencia tierna y una gracia increíble. Todo esto porque usted permitió que un momento difícil se convirtiera en una plataforma para que los hijos vieran a Dios revelarse en la vida de su familia.

Las madres intencionales saben y confían en que si Dios permite que una dificultad venga a las vidas de sus hijos, o que incluso afecte a toda la familia, su plan es usar esa experiencia como preparación para su futuro. Él puede usar circunstancias desafiantes para desarrollar su carácter, paciencia, perseverancia o fe; pero Dios siempre tiene un propósito y un plan en medio de todo. Nada se desperdicia en la economía divina de la vida.

Las circunstancias no nos definen. Lo que nos define es lo que hacemos con ellas. Cada prueba o desafío es una oportunidad para regresar a las preguntas básicas de nuestra fe: ¿Qué creo sobre la naturaleza y el carácter de Jesucristo? ¿Y de Dios?

## Escuchar la voz de Dios

Una mujer joven, llamada Ann, conversaba con su madre. Alguien le había preguntado si ella era como su mamá.

«Tan a menudo como puedo», había contestado. Entonces le dijo a su madre que estaba asombrada con la profundidad de su fe y su ternura, teniendo en cuenta lo difícil que había sido su vida y cuántas pérdidas había sufrido. «Creo que jamás poseeré tu grandeza, mamá» le dijo.

Esta madre sabía que el propio viaje de su hija sería una incubadora en la cual Dios la prepararía para lo que tenía por delante en la vida. Ella no podía saber los planes exactos de Dios para su hija. Pero podía estar segura de que Dios había permitido que aquella mujer joven observara la fe en acción, al ver a su madre realmente dedicada a conocer a Dios en cada nivel.

Todos los desafíos y sacrificios no se desperdiciarán.

Ni por sus hijos. Ni por los míos.

Cuando nuestros niños y adolescentes vean que nos convertirnos en madres que dependemos de Dios, que les enseñamos que está bien que seamos vulnerables, que pidamos ayuda, y nos permitimos tener necesidades, ellos se darán cuenta que no tenemos todas las respuestas, lo cual hace que sea más fácil aceptar que tampoco ellos tengan todas las respuestas. En pocas palabras, nuestra dependencia de Dios les demuestra a nuestros hijos que cuando somos débiles, Él es fuerte (2 Corintios 12.9).

Los hijos que no han sido protegidos de la vida, estarán mucho más equipados y preparados para todo lo que la vida les ponga en el camino. Cuando se sientan pequeños, abrumados y asustados tendrán el conocimiento de que Dios es grande, fiel, e increíblemente poderoso. Lo sabrán porque vieron a su madre (que fue intencional en cuanto a confiar en Dios en vez de confiar en sí misma) vivir su fe y no simplemente hablar de ella.

¿Podría ponerse mejor que esto? Según la Palabra de Dios, éste es el pináculo: «Nada me produce más alegría que oír que mis hijos practican la verdad» (3 Juan 1.4).

Así que, ¿cómo oyen las mamás la voz de Dios? ¿Cómo buscamos su mente? A veces, en medio de las pruebas de cada día, esto parece imposible. Déjeme animarla. Él quiere hablarle en su mente y corazón, y usted podrá oírlo. Unos pocos pasos sencillos pueden subir el volumen de la voz de Dios en su vida:

## 1. Disfrute de momentos de quietud con el Señor

Pase tiempo con Dios como si Él fuese (y lo es) su amigo más íntimo. Siéntese, y converse con Él como si lo tuviera sentado a su lado, escuchando atentamente cada una de sus palabras. No se preocupe si no sabe qué decir. Sólo descanse en la quietud de ese momento, y pídale a Jesús que sea Él quien le hable. Usted solo escuche.

## 2. Tenga un corazón agradecido

Hay poder en creer que Dios quiere lo mejor para usted. Una de las mayores maneras para aferrarse a la esperanza es buscar cosas por las que está agradecida. ¿Dónde puede ver las bendiciones de Dios en su vida? ¿En su familia? ¿En su relación con sus hijos? ¿En su vida personal? Practique un espíritu de gratitud por las muchas maneras en que el Señor, con cuidado y tiernamente, derrama su bondad sobre usted. Y confíe en su fidelidad.

### 3. Conozca el corazón de Dios

Permita que la Palabra de Dios sea su guía en la transformación y renovación de su mente (Romanos 12.2). La Palabra de Dios revela la profundidad de su amor por usted y su familia. Si está abrumada por el tiempo, recuerde que Dios honra los corazones que le buscan. Cuando lea la Biblia, pídale que le revele lo que necesita saber acerca de Él y de su corazón para usted.

### 4. Encuentre tiempo para la alabanza y la adoración

A menudo, las mamás ocupadas pasan mucho tiempo en el auto. Ésta es una gran oportunidad para poner música de alabanza y disfrutar de un tiempo de adoración. Guarde algunos de sus CDs de alabanza favoritos cerca del reproductor de CDs en su casa, y llene la casa de música que le toque el corazón. Haga una lista de música de adoración favorita en su reproductor de MP3, y escúchela cuando limpia la casa o va a dar un paseo. La alabanza y la adoración no sólo la bendecirán a usted sino también al Señor y a sus hijos.

### 5. Ore por otra madre

Ore por una madre que tenga momentos más difíciles que usted. Cuando mire alrededor, a su círculo de conocidas y amigas, es probable que vea a alguien que está luchando. Orar por ella, también la bendecirá a usted.

## 6. Practique la presencia de Dios

Busque la presencia de Dios en todas partes y en todo. Cuando espere que Dios conteste y se le revele, sus hijos también comenzarán a verlo a Él en su vida diaria. Ellos son grandes maestros en cuanto a ayudarla a ver a Dios, en particular cuando son pequeños. Usted *y* sus hijos serán bendecidos cuando vea a Dios revelarse a través de ellos.

La mayoría de las mamás a las que les hablo, están desesperadas por oír la voz de Dios. Quiero asegurarle a usted que es posible. De hecho, en el momento que le diga al Señor que desiste de criar a sus hijos sola y decide depender de Él, su voz se volverá más clara y más comprensible que antes. Calme su corazón, tranquilice su mente; y escuche.

El alivio más asombroso que podemos experimentar, es cuando nos libramos de la carga que a veces sentimos como madres. Dios nunca quiso que lleváramos solas el peso de esta responsabilidad. Su deseo era llevarlo por nosotras, vivir a través de nosotras, ministrarnos y amarnos.

## Puntos de fe

. . . eso sucedió para que no confiáramos en nosotros mismos sino en Dios [. . . .] nos volverá a librar cuando sea necesario. En él hemos puesto nuestra esperanza.

2 Corintios 1.9–10, NBD

1. ¿Puede, cómo aprender a confiar más en Dios en cuanto a su vida, ayudarla a confiarle sus hijos a Él?
2. ¿Por qué es tan difícil para las madres soltar a sus hijos? ¿Lucha usted con esto?
3. ¿Qué aprenden sus hijos acerca de Dios al observarla a usted?

## Mamás intencionales en acción

1. Es importante que las mamás les den a sus hijos una fe para creer en alguien más grande que ellos. ¿En qué maneras les inculca usted una fe en Dios que hará que Él sea real para ellos?
2. En este último capítulo, hay varias maneras en las que se anima a las mamás a practicar en el aprendizaje de cómo escuchar a Dios cuando les habla. ¿Cuál es la manera en la que más quiere usted aprender a escuchar a Dios? ¿Qué hará para lograr que eso suceda?

# Conclusión

## El principio y el fin de la historia

Un año, poco antes del Día de Acción de Gracias, yo regresaba de un programa de radio semanal del que era la anfitriona. La estación estaba aproximadamente a cuarenta minutos de mi casa, y todavía tenía mucho que hacer con el fin de prepararme para el día de fiesta.

Yo iba por una de nuestras carreteras principales cuando de repente un auto se metió delante de mí, y lo choqué por el costado. Mis bolsas de aire se inflaron, humo salió del auto, y me quedé aturdida. Sentía un dolor punzante por todo el cuerpo.

A los pocos minutos, la policía llegó a la escena, y en seguida una ambulancia. Me pusieron en la ambulancia y me llevaron al hospital, dejando mi auto allí totalmente destrozado. En el hospital, el personal de emergencia me examinó rápidamente y determinó que no había recibido ninguna herida grave; sin embargo, a mí no me parecía que fuera así debido al dolor que sentía.

Estaba acostada en una cama de la sala de emergencia, desesperada de dolor, cuando apareció mi madre por detrás de la cortina. Su rostro era el más dulce que podría haber visto en aquel momento. Allí estaba yo, a mis cuarenta y tres años y finalmente podría echarme a llorar, porque mi madre estaba conmigo. Ya no tenía que seguir siendo fuerte.

No importa qué edad yo tenga, siempre desearé el toque consolador, la manera suave y la aceptación total de mi mamá.

Tal vez usted tenga o no esa clase de madre: consoladora, suave y compasiva; pero usted puede *ser* esa clase de madre . . . *si* está dispuesta a ver lo que Dios ve, cuando Él mira a sus hijos.

Desde el primer capítulo de este libro hemos andado juntas y hemos explorado los distintos elementos que constituyen a una mamá intencional, elementos que conducen a la crianza de los hijos sin remordimientos. Este viaje nunca ha sido sobre la perfección, sino sobre el propósito serio de pensar detenidamente en la responsabilidad, el desafío y el privilegio de ser madre. La meta de este libro ha sido desafiar a cada una de nosotras a reconocer el poder de nuestro papel y lo importantes que somos para las vidas de nuestros hijos.

También exploramos la importancia de ser una estudiante de nuestros hijos y de desarrollar su inteligencia emocional. A lo largo del camino hablamos de la importancia de saber cuál es la diferencia entre una madre controladora y una intencional, reconociendo las ventajas para nuestra familia cuando escogemos la opción sana.

En otro capítulo, hablamos de tener una visión para nuestros hijos, y exploramos la importancia de mantener la esperanza en medio de los momentos difíciles, y de depositar nuestra esperanza en nuestro Dios, en vez de en nuestros hijos. También descubrimos la importancia de asegurarnos de que el centro de nuestra atención sea el respeto de nuestros hijos en vez de darle prioridad a su felicidad. Estas verdades son fundamentales en la liberación de las mamás del miedo y la ansiedad, sustituyéndolos con esperanza y confianza.

Algo aún más importante es que según hemos andado juntas, hemos llegado a la verdad más importante de todas: las mamás necesitan confiar en que Dios, quien creó a nuestros hijos, está dispuesto a ayudarnos a criarlos. La paz mental, la esperanza inesperada y las relaciones sin remordimientos se convertirán en recompensas para aquellas de nosotras que aceptemos este mensaje.

## La historia sin fin

Cada madre con la que hablo, termina mencionando un tema universal de conversación: el momento cuando sus hijos se irán del hogar. Algunas mamás temen ese día; otras lo esperan con anticipación y alegría; pero todas de una u otra manera, piensan que respirarán aliviadas y la vida será menos agitada sin los hijos en casa.

Pero la verdad es que cuando sus hijos finalmente dejan el nido, no es el final de su labor. Los días de cuidado maternal sólo han comenzado . . . en una manera nueva y diferente.

El verano pasado, mi hija de edad universitaria regresó a casa para el verano, y observé algunas de sus técnicas de administración del dinero que pensé que ella debería evaluar. No quise controlarla sino animarla a descubrir algunas lecciones por sí misma.

Como su madre que soy, quise ser respetuosa de su etapa de crecimiento como mujer joven y no entrometerme; sin embargo, sentí la responsabilidad de ayudarla a crecer en esta área. Así que una mañana le dejé una nota con algunas preguntas para explorar en cuanto a sus finanzas.

Cuando ese día regresé más tarde a casa, ella entró en mi habitación, me dio una carpeta y me dijo: «Mamá, recibí tu nota, y pasé varias horas examinando mis finanzas y reflexionando sobre lo que aprendí. Después de que leas esto, me gustaría hablar contigo».

En su carta, después de resumir lo que había descubierto, terminó diciendo:

Lamento no ser diligente o decidida en cuanto a mis finanzas. No me quedaré cruzada de brazos.

Espero que tomes tiempo para examinar esto, y luego me hables. Sinceramente quiero hablar de esto contigo y que me des ideas sobre lo que se puede cambiar, y cómo puedo mejorar.

Te amo, y aprecio tu generosidad con mi estilo de

vida; pero sobre todo con tu sabiduría. Conozco a pocas madres que tendrían el tiempo y la paciencia para ayudarme a llegar a la esencia de mis hábitos y mi estilo de vida; y no ver esto simplemente como un problema momentáneo, sino también como un instrumento de aprendizaje que me ayude por el resto de mi vida.

Te amo mucho,
Tiffany

Como usted se puede imaginar, fui tocada y me sentí agradecida por el contenido de su carta. Confirmaba una vez más que dos décadas de inversión en mi hija, y de ver su vida desde una perspectiva más amplia habían creado una confianza entre nosotras que me permitía seguir hablándole en cuanto a cosas relacionadas con su vida. Ella vio que yo no estaba simplemente interesada en la solución de un problema inmediato; realmente quería prepararla para el futuro. Lo esencial es que Tiffany confió en la sinceridad de mi corazón hacia ella. El proceso de nuestro viaje juntas por la vida mantuvo su corazón enseñable en momentos como éstos.

Para una mamá, la historia nunca termina. Usted será una madre el resto de su vida.

Antes de que se agote pensando en esto, consuélese al saber que aunque la maternidad no se detiene, su papel cambia y también su responsabilidad.

En lugar de confiar en usted para la instrucción, la dirección diaria y las exigencias básicas de la vida, sus hijos la necesitarán para cosas diferentes cuando se vayan del hogar. Sin tener en cuenta la edad, sus hijos adultos siempre la necesitarán; para que crea en ellos, los estudie y les dé espacio para desarrollarse.

Ellos la necesitarán a usted para que . . .

- ame a las personas que ellos aman
- reconozca su derecho de cometer errores sin que les dé su opinión
- intencionalmente confíe en que Dios es más grande que cualquier decisión que ellos tomen

A veces tal vez parezca que sus hijos no la necesitan, y tendrá que modificar cómo los cuida después de que se convierten en adultos. Algunas madres encuentran que éste es un período difícil debido a que no entienden por qué la manera en que criaron a sus hijos adolescentes ya no funciona.

Su relación con sus hijos cambia ahora, y esto quiere decir que su cuidado maternal debe cambiar. Pero eso no significa que se vuelva menos intencional.

Ya usted ha aprendido por qué ser intencional es crítico para una relación sana entre padres e hijos. La misma verdad es válida a medida que ellos avanzan hacia la edad adulta. Cuando permanece intencional después de que se vuelven adultos, usted optimiza las bendiciones que ellos reciben, tanto de usted como de Dios, les ofrece una fuente de sabiduría y esperanza, y les deja un legado de amor y aceptación.

Pero su legado es el fin de la historia. Vayamos atrás a . . .

# El principio

Si usted ha llegado al final de este libro, espero que también haya aceptado la idea de que las madres debemos ser intencionales con nuestros hijos, y estar dedicadas a que ésa sea nuestra principal meta en cuanto a las muchas áreas de las vidas de ellos. Si algo de lo que ha leído en estas páginas le sonó convincente, es probable que esté experimentando un cambio en su manera de pensar en cuanto a las relaciones más importantes en su vida.

Permítame hacerle la pregunta obvia: ¿Sabe cuál es la razón principal por la que deberíamos ser intencionales? Es porque Dios nos da el ejemplo. Él ha cuidado intencionalmente a sus hijos desde el comienzo del tiempo.

Así es. Tan simple como eso. Necesitamos ser intencionales porque Dios es intencional, y lo ha sido desde que creó la vida.

Al principio de este libro definí «intencional» como «atención claramente concentrada o fija en algo». En el momento que nos damos cuenta de que Dios estaba «claramente concentrado» cuando nos creó, y tuvo en mente un propósito para cada persona, con un resultado para igualarlo, podemos comenzar a apreciar el ejemplo que Él nos dio a nosotras.

Dios creó a la humanidad con un propósito: para estar en relación con Él. Para que le conociéramos y confiáramos en Él. Él nos amó desde el principio, y demostró esto creándonos a su imagen. Dios amó a todas sus criaturas, pero cuando creó a los seres humanos, nos hizo diferentes.

Éramos como Él.

Por consiguiente, Él creó un lugar perfecto para sus dos primeros hijos: Adán y Eva. Les dio todo lo que necesitaban o pudieran necesitar. Les estableció límites, se comunicó claramente con ellos comenzó así una relación amorosa mutua. Fue intencional en cuanto a ser el padre que necesitaban.

Sin embargo, conocemos su historia. Las cosas cambiaron. Los hijos de Dios se hicieron cargo de la situación por sí mismos, de tal manera que el resto de nosotros está pagando por lo que ellos hicieron hasta este día. (Esto simplemente muestra que no importa cuán «perfecto» un padre o una madre pueden ser, los hijos siempre toman sus propias decisiones). Pero, Dios amó a Adán y Eva lo suficiente como para concederles la libertad para elegir, incluso para tomar decisiones equivocadas, aun cuando escogieron desobedecer.

Éste es el caso: Dios tenía el plan de entregarles a sus hijos el mundo, pero ellos no lo recibieron. De todos modos, esto no le impidió continuar una relación con ellos y encontrarlos donde *estaban*; no esperó a que fueran adonde su corazón deseaba que estuvieran.

De Adán y Eva, avancemos al tiempo de Noé; y veamos cuán intencional fue Dios al guiarles a él y su familia. Noé tenía ya quinientos años cuando Dios le dijo que construyera un barco en una ciudad que no tenía ninguna agua, delante de una gente que rara vez vio la lluvia. Durante los siguientes cien años, Noé y sus tres hijos trabajaron construyendo ese barco.

Dios fue intencional con Noé porque Él sabía que iba a usarlo para salvar al mundo del diluvio. Dios tenía un plan, y Noé lo realizó como se le dijo.

Después de Noé, continúan las historias de personas a las que Dios amaba intencionalmente. Y en cada caso, Él les cuidó en maneras que reflejaron sus personalidades en particular, creadas por Dios. Vemos a Abraham, Moisés, Isaac y José. Dios fijó su amor y su propósito hacia cada uno de ellos. ¡Y todo esto se encuentra nada más que en el libro de Génesis! Hay sesenta y cinco libros más en los que tenemos otros ejemplos de cómo Dios perfiló su propósito intencional para nosotros.

Además de en la Biblia, podemos identificar a personas a lo largo de la historia cuyas vidas, tanto los desafíos como los éxitos, impactaron al mundo; cambiaron el rumbo de la historia o hicieron que los seres humanos buscaran algo más. Vemos el propósito en cuanto a su existencia. Fueron creadas para ese momento.

Dios creó a cada ser humano, desde Adán y Eva hasta hoy, con un propósito que viene de Él, y que es para el momento en particular de la vida de cada uno. Si usted es madre, fue creada para *este* momento. Dios intencionalmente permitió que se encuentre precisamente donde está, con los hijos que le ha dado, para que puedan volverse cada vez más como Él. Después de todo, el corazón de Dios para todos nosotros es que seamos un reflejo de Él.

Dios tiene en su corazón que la presencia de usted en las vidas de sus hijos sea una bendición, una fuente de sabiduría y esperanza; y que usted sea la conservadora de la visión que Él tiene para ellos. Y cuando usted es una madre intencional, su hijo o hija cosecha el beneficio de tener una mamá que ha mantenido una visión del Reino, ha confiado en Dios, y ha creído en él o ella. Entonces la fe de sus hijos puede ser una bendición para las futuras generaciones.

Piense en esto. Si quiere dejar un legado de mayor valor que cualquier otro, ¿no debería decidirse a estar «claramente concentrada» en aquellas relaciones donde puede hacer la mayor inversión de su corazón? ¿No tiene sentido que si mantiene la vista en la meta, usted llegará a su destino sin remordimientos?

Cometeremos errores. Seremos madres imperfectas y tendremos hijos imperfectos. Pero si somos intencionales . . . *¡podemos criar a nuestros hijos sin remordimientos!*

## Puntos de fe

Dios nos escogió en él antes de la creación del mundo, para que seamos santos y sin mancha delante de Él. En amor nos predestinó para ser adoptados como sus hijos por medio de Jesucristo, según el buen propósito de su voluntad, para alabanza de su gloriosa gracia, que nos concedió en su Amado.

Efesios 1.4–6

Somos hijos de Dios. Nuestro regalo de Él consiste en que Él ha modelado para nosotros un gran ejemplo de un padre o madre intencional. Él tiene un plan, y Él ha estado obrando ese plan desde el comienzo del tiempo. A veces sus hijos o hijas no cooperan con Él pero esto no cambia el rumbo que ha establecido para ser el ejemplo perfecto que Él es. ¿Qué ejemplo les dejará usted a sus hijos?

## Mamás intencionales en acción

1. Si este libro le ha dado esperanza, le ha desafiado a ser diferente, le ha dado nuevas perspectivas o simplemente la ha hecho disfrutar y apreciar su condición de madre, por favor déjeme recibir noticias suyas. Quisiera saber cuáles son las perspectivas que ha adquirido, y cómo este libro ha impactado su viaje como mamá.

# Plan para la crianza sin remordimientos

Como mencioné en este libro, soy «entrenadora» que trabajo con grandes corporaciones y con sus ejecutivos para guiarles en su viaje de cambio y desarrollo. El modelo del mundo de los negocios puede parecer diferente para ellos, pero a menudo me imaginaba que mi familia era un negocio pequeño, ¡y yo era la directora general ejecutiva! El trabajo que he hecho en el mundo corporativo me ha ayudado también a desarrollar un proceso para las mamás, por medio del cual, de una manera realista ellas se proponen metas para la crianza de sus hijos y luego perfilan los pasos para alcanzarlas. Yo le llamo un «plan de entrenamiento». Este plan es una manera de tener que rendir cuentas para aprender de lo que usted lee sin que se sienta abrumada. También ayuda a las madres a dividir los asuntos en porciones manejables para que puedan avanzar y crear un cambio en sus vidas y en las de sus familias.

El entrenamiento le pedirá a usted que mire hacia *adelante*, a los ajustes de conducta y de actitud, o cambios de vida diarios que quiere hacer. No mire hacia *atrás* para ver sus fracasos. Piense en el futuro con un nuevo sentido de fe y esperanza; y recuerde que el cambio toma tiempo. Sea paciente consigo misma y con sus hijos. Se quedará sorprendida con lo que aprenderá de usted, sus hijos y Dios.

El siguiente plan de entrenamiento le ayudará a poner en práctica los principios de la *Crianza sin remordimientos*. Si quiere puede copiar estas páginas y crear un nuevo plan de entrenamiento para cada principio. No trate de abordarlos todos de golpe. Trate de hacer un plan para tener un principio por mes. Tome tiempo para establecer sus propias metas y pasos. ¡Entonces celebre cada logro!

## Plan para la crianza sin remordimientos

Fecha de comienzo: _____

### Metas

1. Identifique un asunto en cuanto a la crianza de sus hijos que le gustaría cambiar.

   _____

   a. ¿Hacia quién se dirige este cambio? ¿Un hijo en particular o todos sus hijos? Explique.

   _____

   b. ¿Es su hijo el que necesita cambiar . . . o él cambiará cuándo usted cambie? Explique.

   _____

2. ¿Cómo sabrá cuándo ha alcanzado su meta? Esta respuesta le ayudará a definir su meta.

   _____

3. Escriba su meta. Sea específica. (Ejemplo: Quiero ser más alentadora para mis hijos).

_____

## Pasos de acción

4. Identifique qué pasos necesita poner en práctica para alcanzar su meta. Recuerde dar pequeños pasos realistas durante cada una de las próximas cuatro semanas. No se predisponga al fracaso. Hay espacios provistos para varios pasos, en caso de que se necesiten. Use espacios sólo para pasos dirigidos hacia su meta.

### Semana 1

a. _____

b. _____

c. _____

Revise al final de la semana, y marque los pasos que logró. Puede transferir un paso o dos a la próxima semana.

### Semana 2

a. _____

b. _____

c. _____

Paso para transferir

_____

# Crianza sin remordimientos

## Semana 3

a. _____

b. _____

c. _____

Paso para transferir

_____

## Semana 4

a. _____

b. _____

c. _____

Paso para transferir

_____

5. ¿Cómo el haber alcanzado su meta realzará su relación con Dios? ¿Con su(s) hijo(s)? ¿Su opinión de sí misma?

Dios

_____

Hijo(s)

_____

Usted misma

_____

6. Escriba una oración que le demuestre a Dios
   su dependencia de Él para lograr el deseo de su
   corazón. Asegúrese de darle gracias de antemano
   por su fidelidad para cambiarla a usted.

   _____

7. Meta lograda: ¡Celebración!
   ¿Cómo impactó este cambió a su(s) hijo(s)?

   _____

   ¿Cómo la impactó a usted?

   _____

   ¿Cómo se le reveló Dios?

   _____

   ¿Cuál es la más importante perspectiva que ha
   adquirido por medio de esta experiencia?

   _____

# Recursos adicionales

## Libros

Estos libros me han sido especialmente de ayuda en diferentes etapas de mi viaje de la maternidad.

*Andando bajo su gracia*. Steve McVey. Riverview, FL: Grace Walk Ministries, 1998.

*Atrévete a disciplinar*. Dr. James Dobson. Grand Rapids: Vida, 1993.

*Cómo aprenden los niños*. Cynthia Ulrich Tobias. Grand Rapids: Vida, 2000

*Eduque a sus hijos sin hacerles daño*. Kevin Leman. Buenos Aires: Vergara, 1999.

*La inteligencia emocional: Por qué es más importante que el cociente intelectual*. Daniel Goleman. Buenos Aires: Vergara, 1996.

*Límites: Cuándo decir «Sí», cuándo decir «No». Tome el control de su vida*. Henry Cloud y John Townsend. Grand Rapids: Vida, 2001.

*El poder de los padres que oran*. Stormie Omartian. Miami: Unilit, 2007.

## Películas

A veces las películas son un gran instrumento para captar un mensaje, porque usted puede ver la lección puesta en práctica en situaciones de la vida. Las siguientes películas le darán una perspectiva clara de cómo las cuestiones de su familia pueden interferir o bendecir a sus hijos. Estas películas no las deben ver todos los miembros de la familia juntos, sino usted y su cónyuge, como padres que disfrutan aprender por un medio visual. Busque maneras para aplicar la lección con el propósito de mejorar su cuidado maternal o beneficiar su relación familiar.

*Gente ordinaria* (1980): Preste atención al dolor causado por la barrera emocional de la madre y cómo hiere y daña a su hijo.

*Gigantes hacia la victoria* (2006): Esta película da una representación poderosa de padres que realmente creen en sus hijos cuando nadie más podría creer en ellos.

*La novicia rebelde* (1965): Vea esta película clásica desde una perspectiva de la crianza de los hijos. Note cómo los hijos le tienen miedo al padre y cómo él tiene miedo de ser sensible a ellos. La niñera permite que los alcancen su plenitud permitiéndoles volver a ser niños.

*La sociedad de los poetas muertos* (1989): Esta película es un gran ejemplo de cómo las cuestiones de control de un padre o madre interfieren permanentemente en su hijo, y cómo eso afecta su bienestar.

*Un sueño para ella* (2003): Vea esta película desde la perspectiva de cuán importante es la aceptación que el padre hace de un hijo o hija para la confianza de ellos en sí mismos.

Usted indudablemente recordará otras películas o verá nuevas que contienen alguna verdad muy valiosa en cuanto a cómo puede ser una mejor madre intencional. Vea estas películas no sólo por su valor como entretenimiento, sino para ver qué verdad podría aplicarse a su propia situación como madre.

# Notas

## Introducción: El corazón de una madre
1. Linda Ellis, "The Dash", 1996.

## Capítulo 1: Por qué las mamás bienintencionadas crían hijos inseguros
1. *The Motherhood Survey: Fresh Insights on Mothers' Attitudes and Concerns* (Nueva York: Institute for American Values, 2005), p. 20.
2. Ibid., p. 14.
3. Ibid., p. 28.
4. Ibid., p. 20.
5. En la mayoría de los casos a través del libro, se utilizaron seudónimos en lugar de los nombres verdaderos.
6. *Motherhood Survey*, p. 21.

## Capítulo 3: Usted puede vivir pacíficamente durante los años de la adolescencia
1. Claudia Wallis, "What Makes Teens Tick", *Time*, 26 septiembre 2008, http://www.time.com/time/magazine/article/0,9171,994126,00.html.

## Chapter 4: Conviértase en una mamá que reflexiona
1. Estudio en el libro de Daniel Goleman, *Emotional Intelligence: Why It Can Matter More Than IQ*, edición del décimo aniversario (Nueva York: Bantam Books, 2005), p. 35 [*La inteligencia emocional: Por qué es más importante que el cociente intelectual* (Barcelona: Ediciones B, 2011)].
2. Ibid., pp. 35–36.
3. Ibid., pp. 43–44.
4. Mateo 16.18.

# Acerca de la autora

Catherine Hickem, LCSW (trabajadora social clínica acreditada), tiene la pasión de desafiar a las mujeres a convertirse en las madres consagradas a Dios que Él las ha llamado a ser. Es reconocida en todo el país como una conferenciante y autora que inspira a las mujeres a aceptar y entender su influencia como madres. Sus experiencias únicas como psicoterapeuta, entrenadora empresarial y líder de un ministerio femenino durante los últimos veinticinco años, la han ayudado a educar, equipar y capacitar a mujeres en cada etapa de la maternidad.

Catherine fundó Intentional Moms [Mamás Intencionales], un ministerio nacional dedicado al enriquecimiento de las mujeres en sus papeles como madres, que ofrece una variedad de seminarios, recursos y programas de entrenamiento. El don de Catherine para hacer que los problemas complicados sean aplicables, ha ayudado a mujeres de todas las edades a descubrir a Dios en un nivel más profundo y ganar la confianza en sí mismas, necesaria para convertirse en madres exitosas.

Los seminarios de Catherine y el programa semanal de radio con llamadas de los oyentes: *The Morning Mom Coach*, alcanzan a una audiencia nacional. Ella sirve como experta residente en NewBaby.com, colabora con

PreciousMoms.com, y ha escrito artículos especiales para numerosas publicaciones.

La pasión más profunda de Catherine es su propia familia. Ella y su esposo, Neil, han estado casados desde 1977. Sus mayores maestros en cuanto al amor y la gracia de Dios han sido sus hijos, Taylor y Tiffany, quiénes son adultos jóvenes ahora, los cuales le han dado a Catherine mucho material para su siguiente libro sobre la crianza de hijos adultos.

# Acerca de Intentional Moms, la organización

Fundada por Catherine Hickem, Intentional Moms es una organización cristiana no confesional que ministra a las necesidades, los desafíos y las esperanzas de cada madre. Intentional Moms se esfuerza en inspirar, educar y equipar a las madres en cada fase de la maternidad para que estén seguras de sí mismas y sean intencionales en su papel de crianza de los hijos que dura toda la vida. Por medio de una variedad de seminarios, recursos y programas de entrenamiento, Intentional Moms coopera con iglesias, escuelas y organizaciones comunitarias para alcanzar con eficacia a las mujeres que se encuentran en un viaje espiritual para criar hijos consagrados a Dios.

Si desea hacer una reservación con Catherine Hickem para dar una conferencia o un seminario de Intentional Moms, llame al 1-800-844-0711, o visite www.intentional-moms.com.

## Cuente sus historias

Espero que por medio de las páginas de este libro usted haya ganado confianza en su capacidad de criar a sus hijos sin remordimientos. Mi deseo más ferviente es que, a medida que procure seguir el ejemplo de Dios en ser intencional como madre, su relación con sus hijos se profundice, y usted y su familia reciban bendiciones increíbles.

Si la aceptación de la verdad contenida en uno de los siete principios de una madre intencional ha transformado la manera en que usted cuida a sus hijos, y la vida suya o la de ellos, es nuestro deseo que nos lo haga saber. Por favor envíenos un correo electrónico diciéndonos cuál principio Dios usó para impartirle una lección y unas bendiciones nuevas y esperanzadoras, y el resultado que éste produjo en usted y en el viaje de la vida de sus hijos.

Envíenos un correo electrónico conectándose a: www. intentionalmoms.org.

www.ingramcontent.com/pod-product-compliance
Ingram Content Group UK Ltd.
Pitfield, Milton Keynes, MK11 3LW, UK
UKHW020221190625
459827UK00006BA/752